정통 러시아어 문법 통사론

이용권 편역

신아사

머리말

본 책은 И.М. Пулькина, К.Б. Захава-Некрасова의 *Учебник русского языка для студентов-иностранцев*의 러시아어판을 원본으로 삼아 원문을 충실하게 번역했지만 필요에 따라 문법 내용을 쉽게 이해할 수 있도록 내용을 보충하고 역주도 달았다.

본 책의 원본은 본인이 확인한 것만으로도 러시아어판, 영어판, 일어판, 한국어판 등이 있을 정도로 유명한 러시아어 문법서이다. 그러나 기존에 출판된 한국어판은 원문에 있는 연습문제를 대부분 수록하지 않았기에 학습 교재로 사용하기에 어려움이 있었다. 이 책의 원본은 국내 러시아어 관련 대학교의 중급 러시아어 문법 교과서로 많이 사용하고 있다. 그러나 러시아어 원본은 학습자에게 부담이 많았고 문법의 내용을 정확하게 파악하기 보다는 원문 해석에 얽매이는 경향이 있었다. 그동안 역자는 원문 해석으로 힘들어하는 학생들을 보고 본 내용을 부분적으로 번역, 정리하여 수업 전에 미리 보고 오도록 했다. 그 결과 학생들은 이 수업에 흥미를 느끼기 시작했고 러시아어 문법을 재미있게 공부했다고 말하는 학생들이 생겨나기 시작했다.

본 통사론은 단문과 복문으로 구분되어 단문의 문장성분인 주어, 술어, 보어, 한정어, 상황어가 각각 문장에서 어떻게 표현되는지를 체계적으로 설명하고 있다. 그리고 복분을 병립복문과 종속본문으로 구분하고, 특히 학습자들이 힘들어하는 종속복문을 구조적으로 잘 설명하고 있다. 종속복문은 결국 문장의 구성성분 중 한 성분이 단어에서 절로 확장된 것이라는 설명을 일관적이고 체계적으로 제시하고 있다. 뿐만 아니라 종속복문에서 사용되는 접속사와 접속어의 다양한 용법, 그리고 종속절과 관련된 지시어의 다양한 용법 등을 알기 쉽게 잘 설명하고 있다. 특히 똘스또이, 체홉, 빠우스똡스끼, 뚜르게네프 등과 같은 수많은 러시아 문호들의 주옥과 같은 예문과 연습문제를 통하여 본문에서 학습하였던 내용을 반복하여 확인할 수 있도록 구성되어 있다.

수년간의 작업으로 이제 겨우 세상에 빛을 보게 되었지만 부족한 자의 작업이 러시아이 문법을 체계적으로 정리하고 학습하려는 자들에게 조금이라도 도움이 된다면 그 동안의 노력은 충분히 보람되었다고 생각한다. 본 책의 출판을 허락해준 정현걸 사장님, 힘들어할 때마다 계속 작업할 수 있도록 용기를 주었던 한규갑 상무님, 익숙하지 않은 러시아어 문자를 꼼꼼하게 교정 작업을 해준 김선경씨에게도 감사드린다. 그리고 항상 부족한 자를 위하여 기도로 격려해준 아내와 두 아들 일신이와 효신이에게도 감사드린다.

이용권

목차

단문

서술문, 의문문, 명령문

발화의 목적에 따라 문장은 서술문, 의문문, 명령문으로 나누어진다.

※ 서술문

Лыжники двинулись в путь ещё на рассвете (*Аж.*).

'스키어들은 아직 이른 새벽인데 여행길을 떠났다.'

※ 의문문

Где вы купили эту книгу?

'당신은 이 책을 어디서 구입했느냐?'

Ты прочитал эту книгу?

'너는 이 책을 다 읽었느냐?'

Читал ли ты эту книгу?

'너는 이 책을 읽었느냐 읽지 않았느냐?'

※ 명령문

Запомните эти слола.

'이 말을 기억하세요.'

Принеси мне, пожалуйста, эту книгу.

'이 책을 나에게 가져다 주시오.'

Пусть он расскажет вам об этом.

'그 사람이 당신에게 이것을 말하게 하시오.'

화자는 자신의 의지를 요청, 소망, 초청, 요구, 호소 등의 형태로 표현한다.

◆◆

의문문

1. 의문을 표현하기 위하여 다음의 의문사들이 사용된다:

кто? что? какой? чей? который? сколько? где? куда? откуда? когда? почему? зачем? 등

Кто пришёл?
'누가 왔어요?'

Что ты делаешь?
'너 무엇하니?'

Какая сегодня погода?
'오늘 날씨가 어때요?'

Который час?
'몇 시예요?'

Сколько ему лет?
'그의 나이가 몇 살인가요?'

Где вы живёте?
'당신은 어디에 사나요?'

Куда он уехал?
'그는 어디로 떠났나요?'

Откуда вы приехали?
'당신은 어디서 왔나요?'

Когда вы приехали?
'당신은 언제 도착했나요?'

Когда приехала ваша сестра?
'당신의 누이는 언제 도착했나요?'

Почему ваш друг не пришёл на затятия?
'왜 당신 친구는 수업하러 오지 않았나요?'

Зачем открыли дверь?
'왜 문을 열었나요?'

의문사는 보통 문장의 첫 머리에 놓인다. 만약 주어가 대명사로 표현되면, 대명사는 항상 의문사 바로 뒤에 놓인다. 의문사를 가진 의문문에서 술어는 동사원형으로 표현될 수 있다:

Что **делать**?
'무엇을 해야 하나요?'

Куда теперь **идти**?
'이제 어디로 가야 되나요?'

Как мне **пройти** на улицу Горького?
'제가 고리끼 거리를 어떻게 지나갈 수 있나요?'

이 문장은 무인칭 문장이다. 이 경우 행위자를 나타내는 명사 또는 대명사는 여격으로 표현된다:

Что **мне** делать?
'내가 무엇을 해야 하나요?'

Кому убирать комнату?
'누가 방을 청소해야 하나요?'

Когда **ему** прийти к вам?
'그가 당신에게 언제 도착해야 하나요?'

이 문장을 술어 성분으로 단어 должен, мочь를 가진 인칭문장으로 또는 단어 надо, нужно를 가진 무인칭 문장으로 바꿀 수 있다:

Что мне делать?	Что я **должен** делать? Что мне **нужно** делать?
Когда мне вам позвонить?	Когда я **могу** вам позвонить? Когда я **должен** вам позвонить? Когда мне **нужно** вам позвонить?

2. 의문을 표현하기 위하여 의문소사 **ли, разве, неужели**가 사용된다. 의문소사 **ли**는 항상 대답을 필요로 하는 단어 다음에 놓인다. (이 단어는 항상 문장의 첫 번째 위치에 놓인다.):

※ Подготовился **ли** ты к семинару?

'너는 세미나 할 준비가 되어 있었느냐 안 되어 있었느냐?'

↳ 예상되는 대답:

Да, подготовился.

'예 준비되어 있었습니다.'

Нет, не подготовился.

'아니요, 준비되어 있지 않았습니다.'

※ Скоро **ли** приедет брат?

'형은 곧 오겠느냐 곧 오지 않겠느냐?'

↳ 예상되는 대답:

Да, скоро.

'예 곧 올거예요.'

Нет, не скоро.

'아니요, 곧은 아니예요.'

※ Правильно **ли** он ответил?

'그가 대답하였던 것은 바르게 한거냐 아니냐?'

↳ 예상되는 대답:

Да, правильно.

'예 바르게 했어요.'

Нет, не правильно.

'아니요, 바르게 하지 않았어요.'

■ [역자 주] 결국 의문소사 **ли**를 가지고 표현하는 의문문은 **ли** 앞에 있는 단어에 대한 의문을 표현한 것이고 내용은 '~이냐 아니냐'를 나타낸다: Далеко ли отсуда? '여기에서 먼가 안 먼가?'

의문소사 **разве**와 **неужели**는 대부분의 경우에 문장의 첫 머리에 놓인다:

Разве вы забыли об этом?

'당신은 정말 이것을 잊었느냐?'

Разве собрание будет вечером?

'정말 모임은 저녁에 있느냐?'

Неужели вы не узнали меня?
'정말 당신이 나를 알아보지 못했느냐?'

Неужели я опоздал?
'정말 내가 지각했느냐?'

소사 **разве**와 **неужели**는 의미가 비슷하다. 의문을 제외하고 이들은 의심, 불신 또는 놀람을 표현한다.

3. 의문사나 의문소사 없이도 의문문을 나타낼 수 있다. 이 때 의문문은 서술문과 억양으로만 구별된다. 이 경우 묻고 싶은 단어의 강세를 톤으로 바꾸어 발음해야 된다.

❊ Ты **был** вчера на собрании?
'너는 어제 모임에 갔느냐?'

↳ 예상되는 대답 :

Да, был.
'예 갔어요.'

Нет, не был.
'아니요, 가지 못했어요.'

❊ Ты был вчера **на собрании**?
'네가 어제 갔던 곳은 모임이었느냐?'

↳ 예상되는 대답 :

Да, на собрании.
'예, 모임이었어요.'

Нет, на семинаре.
'아니요, 세미나였어요.'

❊ Ты был **вчера** на собрании?
'네가 모임에 갔던 것은 어제였느냐?'

↳ 예상되는 대답 :

Да, вчера.
'예, 어제였어요'

Нет, позавчера.
'아니요, 그제였어요.'

■ [역자 주] 이와 같이 의문사가 없이 억양으로 의문을 나타내는 경우는 앞에서 설명한 의문소사 **ли**를 가지고 의문을 표현하는 경우와 유사하다. 억양으로 의문을 나타내는 경우도 의문억양이 들어가는 해당 단어의 사실 여부를 묻는 것이다. 예를 들어 상대방이 러시아 사람인지 아닌지를 묻고 싶으면 **Вы русский**?의 문장에서 **русский**를 의문억양으로 나타내어야 한다. 그러나 러시아 사람이 당신이냐 아니냐를 묻고 싶으면 **Вы** русский?의 문장에서 **Вы**부분을 의문억양으로 나타내어야 한다. 그러니까 의문사가 없이 억양으로 의문을 나타내는 문장은 전적으로 의문억양으로 의문을 나타내기 때문에 확실하게 의문억양을 사용해야 한다. 의문억양을 분명하게 사용하지 않으면 상대방이 묻는 말인지 대답하는 말인지 아니면 무엇을 묻는지 구분하지 못한다.

연습문제 01 이텔릭체로 된 부분의 톤을 의문억양을 사용하여 의문문을 읽으시오.

1. *Вы* взяли книгу? Вы *взяли* книгу? Вы взяли *книгу*?
2. *Я* завтра буду дежурить? Я *завтра* буду дежурить? Я завтра *буду* дежурить?
3. *Они* сдают экзамен в понедельник? Они *сдают* экзамен в понедельник? Они сдают *экзамен* в понедельник? Они сдают экзамен *в понедельник*?
4. Брат вчера *уехал* в Москву? Брат *вчера* уехал в Москву? *Брат* вчера уехал в Москву? Брат вчера уехал *в Москву*?

연습문제 02 대답에 따라 여러 가지 톤을 가지고 의문문을 읽으시오.

1. В этой аудитории будет лекция? (a) *Да, в этой*. b) *Да, лекция*.).
2. Я должен (должна) позвонить вам? (a) *Да, вы*. b) *Да, мне*.).
3. Мы обязательно должны закончить работу сегодня? (a) *Да, обязательно*. b) *Да, сегодня*.).
4. Он ответил на все ваши вопросы? (a) *Ответил*. b) *На все*.).
5. Ты купил билеты в театр? (a) *Нет, не я*. b) *Нет, не купил*.).
6. Он опоздал? (a) *Нет, не опоздал*. b) *Нет, не он*.).

연습문제 03 여섯 개의 의문문을 만들어 쓰고 적당한 의문 억양을 가지고 읽으시오.

연습문제 04 적합한 억양을 가지고 문장을 읽으시오. 의문문에서 의문이 어떻게 표현되는지 말하시오.

1. Белеет парус одинокий В тумане моря голубом; Что ищет он в стране далёкой? Что кинул он в краю родном? (*Л.*).
2. Кто при звездах и при луне Так поздно едет на коне? Чей это конь неутомимый Бежит в степи необозримой (*П.*).
3. Придёт ли час моей свободы? (*П.*).
4. Птицы поют в саду. Который теперь час? (*Чех.*).
5. А вы давно здесь служите? (*Л.*).
6. Ты хочешь знать, что видел я на воле? (*Л.*).
7. Неужели я так изменился? (*Чех.*).
8. Печорин! Давно ли здесь? (*Л.*).

연습문제 05 단어 должен, нужно, можно, мочь를 사용하여 문장을 다시 만드시오.

보기 : **Когда нам встретиться?**
Когда мы должны встретиться?
Когда мы можем встретиться?
Когда нам нужно встретиться?

1. Куда ему поставить чемодан?
2. Зачем тебе туда ехать?
3. Как мне помочь ему?
4. Куда нам поехать в воскресенье?
5. Что мне ей подарить?
6. Кому сегодня идти в магазин?
7. К кому мне обратиться по этому вопросу?
8. Какую книгу тебе дать?

연습문제 06 인칭문을 동사원형을 가진 무인칭문으로 바꾸시오.

1. Где мы можем встретиться сегодня?
2. Когда я должен вернуть тебе книгу?
3. Кто сегодня должен дежурить?
4. Кому я должен передать это письмо?
5. Где он может остановиться?
6. О чём я могу рассказать вам?

연습문제 07 뚜르게네프 단편소설의 발췌문을 큰 소리로 읽고, 의문문의 억양에 주의를 기울이시오.

Я стал пристально глядеть в ту сторону, — та же фигура словно выросла из земли подле моих дрожек.
— Кто это? — спросил звучный голос.
— А ты кто сам?
— Я здешний лесник.
Я назвал себя.
— А, знаю! Вы домой едете?
— Домой. Да видишь, какая гроза!
— Да, гроза, — отвечал голос.

◆◆

직접의문과 간접의문

직접의문은 대화 상대자에게 직접 말을 걸고 대답을 요구한다.

Когда ты приедешь?
'너는 언제 올거냐?'

Скоро ли брат вернётся?
'형제가 곧 올거냐?'

Ты кончил работу?
'너는 일을 마쳤느냐?'

직접의문은 특별한 의문 억양을 가지고 발음되고, 직접의문 다음에는 의문부호가 붙는다. 간접의문은 직접 대화 상대자에게 말을 거는 것이 아니고 대답도 요구하지 않는다.

Я спросил его, когда он придёт.
'나는 그가 언제 올 것인지 그에게 물었다.'

Он спросил меня, скоро ли брат вернётся.
'그는 형이 곧 돌아올 것인지 나에게 물었다.'

Он спросил меня, кончил ли я работу.
'그는 내가 일을 마쳤는지 안 마쳤는지 나에게 물었다.'

간접의문은 의문억양 없이 발음된다. 간접의문 다음에 의문부호를 붙이지 않는다. 만약 직접의문에 의문사가 없으면, 관련되는 간접의문에서는 소사 **ли**가 사용된다.

소사 **ли**는 항상 대답이 필요한 단어 바로 다음에 놓인다:

Я спросил, **вернётся ли** брат сегодня.
'나는 오늘 형이 돌아올 것인지 아닌지에 대하여 물었다.'

Я спросил, **скоро ли** вернётся брат.
'나는 형이 곧 돌아올 것인지 아닌지에 대하여 물었다.'

Ученик спросил, **правильно ли** он решил задачу.
'학생은 그가 과제를 풀었던 것이 바른지 아닌지에 대하여 물었다.'

Я не знаю, **все ли** собрались.
'나는 참석하였던 사람들이 모두인지 아닌지 모른다.'

직접의문을 간접의문으로 교체할 때 인칭대명사와 동사 인칭형태의 사용에 주의해야 한다.

Прохожий спросил ребят: «Как **мне** пройти в село?»
'«마을로 어떻게 통과해야 하지?» 라고 통행인은 아이들에게 물었다.'

Прохожий спросил ребят, как **ему** пройти в село.
'통행인은 그가 마을을 어떻게 통과할 수 있는지 아이들에게 물었다.'

Мать спросила меня: «Когда **ты вернёшься?**»
'«너 언제 돌아올거야?» 라고 어머니는 나에게 물었다.'

Мать спросила меня, когда **я вернусь**.
'어머니는 내가 언제 돌아올지 나에게 물었다.'

Директор спросил нас: «**Вы кончили** работу?»
'«자네들은 일을 마쳤는가?» 라고 감독관은 우리들에게 물었다.'

Директор спросил нас, **кончили** ли **мы** работу.
'감독관은 우리가 일을 마쳤는지 아닌지에 대하여 우리들에게 물었다.'

Я спросил их: «**Вы** меня **подождёте?**»
'«당신들은 나를 기다릴거요?» 라고 나는 그들에게 물었다.'

Я спросил их, **подождут** ли **они** меня.
'나는 그들이 나를 기다릴 것인지 아닌지에 대하여 그들에게 물었다.'

연습문제 08 직접 의문문을 간접 의문문으로 바꾸시오.

1. Начальник экспедиции спросил: «Все готовы?»
2. Сын часто спрашивал: «Скоро вернется отец?»
3. Он спросил: «Мне ещё не поздно учиться музыке?»
4. Сестра спросила меня: «Ты можешь помочь мне?»
5. Я спросил их: «Долго вы вчера работали?»
6. Учитель спросил учеников: «Все присутствуют в классе?»

◆◆

명령문

명령의 형태(요청, 초청, 소망, 요구, 명령, 호소)에 따라 명령문은 여러 가지 억양을 가진다.

요청: Дайте мне, пожалуйста, эту книгу.
'나에게 이 책을 주세요.'

초청: Садитесь, пожалуйста.
'앉으세요.'

Приходите к нам в гости.
'우리 집에 손님으로 와 주세요.'

소망: Вам хорошо бы отдохнуть.
'당신은 좀 쉬는 것이 좋겠어요.'

요구: Предъявите пропуск.
'통행증을 제시하시오.'

명령: Позвать его!
'그를 부르시오!'

호소: Вперёд, друзья!
'친구들이여. 전진하라!'

1. 명령문 술어는 보통 명령법 동사 단수 또는 복수로 표현된다:

Дай (дайте) мне книгу.
'나에게 책을 주세요.'

Покажи (покажите) фотокарточку.
'사진을 보여주세요.'

Поставь (поставьте) лампу на стол.
'램프를 책상 위에 놓아 두세요.'

Напиши (напишите) предложения.
'문장을 쓰세요.'

2. 만약 명령문에서 3인칭이 사용되면, 소사 пусть (пускай)가 사용된다.

Пусть он придёт вечером.
'저녁에 그가 오게 하시오.'

Пусть дети играют.
'아이들은 놀게 하시오.'

Пускай друг позвонит мне по телефону.
'친구가 나에게 전화하라 하시오.'

3. 슬로건에서는 보통 소사 **да**가 사용된다.

Да здравствует могучий лагерь мира!
'강력한 평화의 진영이여 영원할지어다!'

4. 명령문에서 화자와 함께 행위를 수행하는 것이 제의되어 있으면, 복수 1인칭 형태의 동사가 사용된다:

Пойдём скорей.
'빨리 갑시다.'

Сядем здесь.
'여기 앉읍시다.'

Поедем на юг.
'남쪽으로 갑시다.'

Споём.
'노래 합시다.'

복수 1인칭 명령형에서는 특히 정태동사가 자주 사용된다.

Идём в кино!
'영화구경 가자!'

Бежим!
'뛰자!'

Едем завтра!
'내일 갑시다!'

Бежим туда!
'저리로 뛰자!'

복수의 사람에 대하여 말을 할 때나 정중함을 나타낼 때는 일반적으로 어미 -те를 가진 동사가 사용된다:

Пойдёмте скорей.
'빨리 갑시다.'

Сядемте здесь.
'여기에 앉읍시다.'

Едемте завтра.
'내일 갑시다.'

구어에서는 명령문 술어에서 가끔 소사 давай (давайте)가 사용된다:

Давай(те) отдохнём.
'쉽시다.'

Давай(те) сядем.
'앉읍시다.'

Давай(те) споём.
'노래 합시다.'

만약 술어가 완료상 동사로 표현되어 있으면, 술어로 단일 미래시제 형태가 사용된다:

Давай(те) **отдохнём**.
'쉽시다.'

Давай(те) **споём**.
'노래합시다.'

만약 술어가 불완료상 동사로 표현되어 있으면, 술어로 원형동사가 사용된다:

Давай(те) **отдыхать**.
'쉽시다.'

Давай(те) **петь**.
'노래합시다.'

연습문제 09 다음 문장을 읽고 술어의 형태를 규정하시오.

1. Дай, няня, мне перо, бумагу, Да стол подвинь; я скоро лягу (*П*.).
2. Выпьем, добрая подружка Бедной юности моей ... (*П*.).
3. Пока свободою горим, Пока сердца для чести живы, Мой друг, отчизне посвятим Души прекрасные порывы! (*П*.).
4. Да здравствует солнце, да скроется тьма! (*П*.).

◆◆

감탄문

서술문, 의문문 그리고 명령문은 그들이 어떤 강한 감정(기쁨, 놀람, 희열, 놀람, 분노, 슬픔 등)을 나타낼 때 감탄문이 될 수 있다:

Сегодня прекрасная погода!
'오늘 날씨가 참 좋네요!'

Собирайтесь поскорее!
'좀 빨리 모이세요!'

Как, вы не поедете с нами?!
'왜 당신은 우리와 함께 가지 않죠?!'

감탄문은 특별한 억양과 높은 톤으로 발음된다. 감탄문의 억양은 매우 다양하고 그 속에서 표현되어 있는 감정에 좌우된다. 감탄문의 끝에는 감탄부호가 붙는다. 의문을 나타내는 감탄문의 끝에는 의문부호와 감탄부호가 붙는다.

감탄문에서는 자주 간투사가 사용된다:

Тишина. **Ах**, какая стоит тишина! (*Алиг.*)
'고요함. 아, 정말 고요하구나!'

Увы, он счастия не ищет И не от счастия бежит! (*Л.*)
'아아, 그는 행복을 구하지도 않고, 행복으로부터 도망가지도 않구나!'

감탄을 표현하기 위하여 자주 대명사 **какой**, **такой**, **что за**, **сколько**, **столько** 와 부사 **как**, **так**이 사용된다:

Тишина! Ах, **какая** стоит тишина! (*Алиг.*).
'고요함! 아, 정말 고요하구나!'

Как хорошо ты, о море ночное! (*Тютч.*).
'오 밤 바다여, 그대는 참으로 멋있구나!'

Сколько тут было кудрявых берёз! (*Н.*).
'여기에는 정말 자작나무가 울창하구나!'

슬로건, 회고록, 축사, 축복 등은 보통 감탄문으로 표현된다:

Здравствуй, племя младое, незнакомое! (*П.*).
'안녕, 미지의 젊은 세대여!'

Пусть сильнее грянет буря! (*М.Г.*).
'태풍이 더욱 강하게 울리게 하라.'

Добрый день!
'안녕!'

С Новым годом!
'신년축하!'

연습문제 10 다음 문장을 큰 소리로 읽고 감탄문의 억양에 유의하시오.

А.

1. Славная осень! Морозные ночи, Ясные тихие дни... (*Н.*).
2. Как лес хорош поздней осенью! (*Тург.*).
3. И свежий воздух так душист, И так прозрачно золотист Играющий на солнце лист! (*Л.*).
4. Какой изумительный сад! Белые массы цветов, голубое небо (*Чех.*).

5. Добрый день, дети, и пусть в жизни вашей будет множество добрых дней! (*М.Г.*).
6. Друзья мои, прекрасен наш союз! (*П.*).
7. Да здравствуют музы, да здравствует разум! (*П.*).

В.

Москва... как много в этом звуке
Для сердца русского слилось!
Как много в нём отозвалось! (*П.*).

연습문제 11 고리끼의 장면소설 «어머니»의 발췌문을 큰소리로 읽고 의문문과 감탄문의 억양에 유의하시오.

... И, обратясь к Власовой, офицер спросил:
— Ты грамотна?
— Нет! — ответил Павел.
— Я не тебя спрашиваю! — строго сказал офицер и снова спросил:
— Старуха, отвечай!
— Вы не кричите! — заговорила она, протянув к нему руку.
— Вы ещё молодой человек, вы горя не знаете ...
— Успокойтесь, мамаша! — остановил её Павел.
— Погоди, Павел! — крикнула мать, порываясь к столу. — Зачем вы людей хватаете?
— Это вас не касается, молчать! — крикнул офицер, вставая.
Офицер торопливо укладывал бумаги в новенький портфель с блестящим замком.
— Марш! — скомандовал он.
— До свиданья, Андрей, до свиданья, Николай! — тепло и тихо говорил Павел, пожимая товарищам руки.

◆◆

부정문

술어 앞에서 부정소사 **не**를 가진 문장 그리고 단어 **нет, нельзя**를 가진 문장을 부정문이라고 한다.

Ребёнок **не** спит.
'아이가 자지 않는다.'

Лекция ещё **не** началась.
'강의는 아직 시작되지 않았다.'

У меня **нет** словаря.
'나는 사전이 없다.'

Сестры **нет** дома.
'누이는 집에 없다.'

Здесь **нельзя** курить.
'여기서 담배 피우면 안 된다.'

◆◆◆

술어 앞에서 부정소사 **не**를 가진 문장

긍정문을 부정문으로 만들기 위해서는 술어 앞에 부정소사 не를 놓아야 한다:

Дети спят.
'아이들이 잔다.'

Дети **не** спят.
'아이들이 자지 않는다.'

Лекция уже началась.
'강의는 이미 시작되었다.'

Лекция ещё **не** началась.
'강의는 아직 시작되지 않았다.'

Ученик ответил на вопрос.
'학생은 질문에 대답했다.'

Ученик **не** ответил на вопрос.
'학생은 질문에 대답하지 않았다.'

Мой брат студент.
'나의 형은 대학생이다.'

Мой брат **не** студент.
'나의 형은 대학생이 아니다.'

Ветер сильный.
'바람은 강하다.'

Ветер **не** сильный.
'바람은 강하지 않다.'

긍정문의 술어 다음에 전치사가 없는 대격 보어가 오면, 부정문에서 보어는 자주 생격으로 된다:

Ученик решил **задачу**.
'학생은 과제를 풀었다.'

Ученик не решил **задачи**.
'학생은 과제를 풀지 못했다.'

Студент понял **вопрос**.
'대학생은 문제를 이해했다.'

Студент не понял **вопроса**.
'대학생은 문제를 이해하지 못했다.'

Я получил **письмо**.
'나는 편지를 받았다.'

Я не получил **письм**а.
'나는 편지를 받지 못했다.'

Он читал **газету**.
'그는 신문을 읽었다.'

Он не читал **газеты**.
'그는 신문을 읽지 못했다.'

연습문제 12 다음 질문에 부정적인 대답을 하시오.

A.

1. Занятия кончились?
2. Брат уже приехал?
3. Он будет завтра работать?
4. Вы пойдёте в библиотеку?
5. Ваш брат — студент?
6. Эта книга — учебник?
7. Эта книга интересная?

B.

1. Он понял вопрос?
2. Вы купили билет?
3. Друг признал ошибку?
4. Он дал ответ на вопрос?
5. Вы приняли участие в работе?
6. Вы обратили внимание на эту картину?
7. Эта картина произвела на вас впечатление?

술어의 역할을 하는 단어 **нет**를 가진 부정문

단어 **нет**는 무인칭 문장에서 대상, 사람 또는 현상의 부재를 표시하는데 사용된다. 대상을 표시하는 단어는 생격으로 된다:

У вас **есть** словарь?
'당신은 사전을 가지고 있나요?'

— У меня **нет словаря**.
'나는 사전을 가지고 있지 않습니다.'

Сестра дома?
'누이는 집에 있나요?'

— **Сестры нет** дома.
'누이는 집에 없습니다.'

В кассе **есть** билеты?
'매표소에는 표가 있나요?'

— В кассе **нет билетов**.
'매표소에는 표가 없습니다.'

대상의 존재를 물어보는 질문에 대답하는 상응하는 긍정문에서는 일반적으로 동사 есть가 사용된다:

У вас **есть** словарь?
'당신은 사전을 가지고 있나요?'

— У меня **есть** словарь.
'나는 사전을 가지고 있습니다.'

В кассе **есть** билеты?
'매표소에는 표가 있나요?'

— В кассе **есть** билеты.
'매표소에는 표가 있습니다.'

У вас **есть** брат?
'당신은 형제가 있나요?'

— У меня **есть** брат.
'나는 형제가 있습니다.'

이 문장에서 단어 **есть**는 '존재한다'의 의미를 띤다.

[주] 아래의 질문에 대한 대답에서 자주 단어 да, нет가 사용된다:
У вас есть словарь? — Да, у меня есть словарь. — Нет, у меня нет словаря.

◆◆◆

긍정문과 부정문을 비교하시오.

У меня есть словарь.
'나는 사전을 가지고 있다.'

У меня нет словаря.
'나는 사전을 가지고 있지 않다.'

В зале есть свободные места.
'강당에는 빈자리가 있다.'

В зале нет свободных мест.
'강당에는 빈자리가 없다.'

В кассе есть билеты.
'매표소에는 표가 있다.'

В кассе нет билетов.
'매표소에는 표가 없다.'

У него есть брат.
'그는 형제가 있다.'

У него нет брата.
'그는 형제가 없다.'

У учителя есть часы.
'선생님은 시계를 가지고 있다.'

У учителя нет часов.
'선생님은 시계를 가지고 있지 않다.'

Сегодня дождь.
'오늘은 비가 온다.'

Сегодня нет дождя.
'오늘은 비가 오지 않는다.'

Сестра дома.
'누이는 집에 있다.'

Сестры нет дома.
'누이는 집에 없다.'

Твоя книга здесь.
'너의 책은 여기에 있다.'

Твей книги нет здесь.
'너의 책은 여기에 없다.'

Сегодня у нас семинар.
'오늘 우리는 세미나가 있다.'

Сегодня у нас нет семинара.
'오늘 우리는 세미나가 없다.'

과거시제에서 대상의 부재를 표시하기 위하여 소사 **не (не было)**를 가진 중성형태로 된 과거시제에서 동사 **быть**가 사용된다:

У меня был словарь.
'나는 사전을 가지고 있었습니다.'

У меня **не было** словаря.
'나는 사전을 가지고 있지 않았습니다.'

Сестра была дома.
'누이는 집에 있었습니다.'

Сестры **не было** дома.
'누이는 집에 없었습니다.'

Вчера был дождь.
'어제는 비가 왔습니다.'

Вчера **не было** дождя.
'어제 비가 오지 않았습니다.'

В кассе были билеты.
'매표소에는 표가 있었습니다.'

В кассе **не было** билетов.
'매표소에는 표가 없었습니다.'

미래시제에서 소사 **не (не будет)**를 가진 단수 미래시제 형태에서 동사 **быть**가 사용된다.

У меня будет словарь.
'나는 사전을 가질 것입니다.'

Сестра будет дома.
'누이는 집에 있을 것입니다.'

Завтра будет дождь.
'내일 비가 내일 것입니다.'

В кассе будут билеты.
'매표소에는 표가 있을 것입니다.'

У меня **не будет** словаря.
'나는 사전을 가지고 있지 않을 것입니다.'

Сестры **не будет** дома.
'누이는 집에 없을 것입니다.'

Завтра **не будет** дождя.
'어제는 비가 오가 오지 않을 것입니다.'

В кассе **не будет** билетов.
'매표소에는 표가 없을 것입니다.'

◆◆◆

술어의 역할을 하는 단어 **нельзя**를 가진 부정문

단어 **нельзя**는 동사원형과 함께 무인칭 문장에서 술어의 역할로 사용된다:

Здесь **нельзя** шуметь.
'여기서는 소리를 내서는 안 된다.'

На гору **нельзя** подняться.
'산으로 올라가는 것은 불가능하다.'

이러한 무인칭 문장에서 인칭의 명칭은 여격으로 놓인다:

Больному нельзя курить.
'환자는 담배를 피워서는 안 된다.'

Нам нельзя отступать.
'우리는 물러서서는 안 된다.'

Тебе нельзя купаться.
'너는 수영해서는 안 된다.'

단어 **нельзя**는 다음의 의미를 가진다:

1. нельзя는 «금지하다» 또는 «허락되어 있지 않다»의 의미를 가진다:

Здесь **нельзя** шуметь.
'여기서는 소리를 내서는 안 된다.'

Больному **нельзя** курить.
'환자는 담배를 피워서는 안 된다.'

Тебе **нельзя** купаться.
'너는 수영해서는 안 된다.'

2. нельзя는 «불가능하다»의 의미를 가진다:

На гору **нельзя** (невозможно) подняться, так как она очень крута.
'산으로 올라가는 것은 불가능하다. 왜냐하면 산이 매우 가파르기 때문이다.'

Реку переплыть **нельзя** (невозможно), потому что течение очень сильное.
'강의 흐름이 매우 강하기 때문에 강을 건너는 것은 불가능하다.'

과거시제를 표시하기 위해서는 계사 было가 사용된다:

На гору **нельзя было** подняться.
'산으로 올라가는 것은 불가능했다.'

미래시제를 사용하기 위해서는 계사 будет가 사용된다:

На гору **нельзя будет** подняться.
'산으로 올라가는 것은 불가능할 것이다.'

연습문제 13 다음 질문에 부정적인 대답을 하시오.

A.
1. У вас в городе есть театр?
2. У тебя есть билеты на концерт?
3. У вас есть сестра?
4. У него есть способности к музыке?
5. Книга на столе?

6. Брат дома?
7. Вчера был дождь?
8. Завтра будет семинар?
9. Директор в кабинете?
10. У вас будет завтра свободное время?

B.
1. Ему уже можно выходить на улицу?
2. Можно детям идти гулять?
3. Эту книгу можно купить в магазине?
4. Можно перейти эту реку вброд?
5. В этой реке можно купаться?

◆◆◆

부정 대명사 또는 부정 부사 никто, ничто, никакой, ничей, нигде, никуда, никогда를 가진 부정문

부정 부사와 부정 대명사들은 부정문에서 술어의 역할을 하는 소사 **не** 또는 단어 **нет**와 **нельзя**를 가지고 사용된다:

Никто **не** опоздал.
'어느 누구도 지각하지 않았다.'

Его ничто **не** интересует.
'무엇도 그를 흥미롭게 하지 않는다.'

Никакие трудности нам **не** страшны.
'어떤 어려움도 우리를 두렵게 하지는 않는다.'

Там никого **нет**.
'그곳에는 아무도 없다.'

Нигде **нет** этой книги.
'어디에도 이 책은 없다.'

Тебе никуда **нельзя** уходить.
'너는 어디에도 떠나서는 안 된다.'

Он никогда **не** был в Москве.
'그는 한번도 모스끄바에 가지 않았다.'

연습문제 14 괄호 안에 있는 부정 대명사와 부정 부사를 사용하여 질문에 부정적인 대답을 하시오.

1. Куда вы поедете летом? (*никуда*).
2. Когда вы работали на заводе? (*никогда*).
3. Где вы работали летом? (*нигде*).
4. Кто вам помогал? (*никто*).
5. Где продаётся эта книга? (*нигде*).
6. Где можно купить эту книгу? (*нигде*).
7. Когда её можно застать дома? (*никогда*).
8. Кому можно остаться здесь? (*никому*).
9. Кто там? (*никого*).
10. Что вам мешает (*ничто*).
11. Какой ответ вы получили? (*никакого*).

연습문제 15 질문에 부정적인 대답을 하시오. 대답할 때 부정을 강조하기 위하여 괄호 속에 주어진 부정 대명사와 부정 부사를 사용하시오.

1. Вы видели море?
2. Вы уходите?
3. Вы работали на заводе?
4. Вам мешают?
5. Вы слышали эту песню?
(*никогда, никуда, никто, никакая*).

연습문제 16 괄호 속에 주어진 반의 동사와 부정 대명사와 부정 부사를 사용하여 주어진 문장을 보기와 같이 의미가 같은 문장으로 바꾸시오.

보기: Я всегда буду помнить об этом.
Я никогда не забуду об этом.

1. На уроке присутствовали все.
2. Все пришли вовремя.
3. Все помнят правило (забыть, опоздать, отсутствовать).

◆◆◆

강조 소사 ни를 가진 부정문

소사 **ни**는 부정문에서 부정을 강조하기 위하여 사용된다:

Он не сказал **ни** слова.
'그는 한마디도 말하지 않았다.'

(Он не сказал ничего 라고 할 수도 있다.)

Я не успел написать **ни** строчки (또는 ни одной строчки).
'나는 한 줄도 쓸 수가 없었다.'

Здесь нет **ни** капли воды (또는 ни одной капли воды).
'여기는 물 한방울이 없다.'

Нам нельзя ждать **ни** минуты (또는 ни одной минуты).
'우리는 단 일분도 기다릴 수가 없다.'

술어 **нет**는 소사 **ни**를 가진 문장에서 자주 생략된다:

На небе **ни** облачка.
'하늘에는 구름 한 점이 없다.'

Здесь **ни** капли воды.
'여기에는 물 한방울이 없다.'

В кармане **ни** копейки.
'주머니에는 일 까뻬이까도 없다.'

소사 **ни**는 자주 단어 **один**과 함께 부정을 강조하기 위하여 사용된다:

Ни один человек не опоздал («никто не опоздал»을 의미함.).
'한 사람도 지각하지 않았다.'

Ни один лист на дереве не шевелился.
'나무에는 한 잎도 흔들리지 않았다.'

Он не сделал **ни одной** ошибки.
'그는 한가지 실수도 하지 않았다.'

연습문제 17 빈 칸에 아래 괄호 안에 주어진 명사를 넣으시오.

(*ни разу, ни строчки, ни слова, ни облачка, ни звука, ни капли, ни души, ни копейки, ни минуты, ни шагу*).

1. Воды не было ____
2. Я не слышал этой песни ____
3. Мы не можем ждать ____
4. Он сегодня не написал ____
5. На улице не было ____
6. Не слышно ____
7. На небе нет ____
8. Бойцы не сделали ____ назад.
9. В кармане нет ____ денег.
10. Он не сказал в ответ ____ и ушёл.

문장성분

어떤 질문에 대답을 하는 문장에서의 단어들을 문장성분이라고 한다:

Студенты внимательно слушают лекцию по философии.
'학생들이 주의 깊게 철학 강의를 듣고 있다.'

이 문장의 단어들에는 다음의 질문을 할 수 있다:

Кто слушает лекцию?
'누가 강의를 듣고 있습니까?'

— Студенты
'대학생들입니다.'

Что делают студенты?
'대학생들은 무엇을 합니까?'
— Слушают
'듣고 있습니다.'

Как слушают студенты?
'대학생들은 어떻게 듣고 있습니까?'

— Внимательно
'주의 깊게 듣고 있습니다.'

Что слушают студенты?
'대학생들은 무엇을 듣고 있습니까?'

— Лекцию
'강의를 듣고 있습니다.'

Какую лекцию слушают студенты?
'대학생들은 어떤 강의를 듣고 있습니까?'

— По философии
'철학 강의를 듣고 있습니다.'

해당 문장에서 다섯 단어들이 질문들에 대답한다. 이 단어들이 문장성분이다. 보조 품사들(전치사, 접속사, 소사)은 문장 성분이 아니고, 이들에게는 질문할 수 없다. 전치사들은 문장 성분에 포함된다. 예를 들어, 전치사 по는 문장 성분은 아니지만, по философии는 문장 성분(한정어)이다.

문장의 주요성분

문장의 주요 성분은 주어와 술어이다. 주어는 문장의 다른 성분에 의존되어 있지 않고 кто?나 что?의 질문에 대답한다:

Охотники сидели у костра. '사냥꾼들은 모닥불 곁에 앉아 있다.'	(Кто сидел у костра? '누가 모닥불 곁에 앉아 있었나요?') Охотники. '사냥꾼들입니다.'
Ветер усиливается. '바람이 강해지고 있다.'	(Что усиливается? '무엇이 강해지고 있나요?') Ветер. '바람입니다.'
Погода хороша. '날씨가 좋습니다.'	(Что хороша? '무엇이 좋나요?')

Пушкин — великий поэт.
'뿌쉬낀은 위대한 시인입니다.'

Погода.
'날씨입니다.'

(Кто великий поэт?
'누가 위대한 시인입니까?')

Пушкин. '뿌쉬낀입니다.'

단어 охотники, ветер, дорога, погода, Пушкин는 주어이다.

술어는 문법적으로 주어에 의존되어 있고, Что делает? Что делается? Каков премет? Какой предмет? Кто он? 등에 대답한다:

(Что делали охотники?
'사냥꾼들은 무엇을 했나요?')

Охотники **сидели**.
'사냥꾼들은 앉아 있었습니다.'

(Что делается с ветром?
'바람이 어떻게 되고 있나요?')

Ветер **усиливается**.
'바람이 강해지고 있습니다.'

(Какова погода?
'날씨가 어떤가요?')

Погода **хороша**.
'날씨가 좋습니다.'

(Кто такой Пушкин?
'뿌쉬낀은 어떤 사람인가요?')

Великий поэт.
'위대한 시인입니다.'

술어는 주어로 표현되는 사물의 행위, 상태, 특성, 성질 등을 표시한다.

1) 술어는 주어와 수에서 일치한다.

Птица поёт.
'새가 지저귄다.'

Птицы поют.
'새들이 지저귄다.'

2) 과거에서 주어와 성에서 일치한다.

Наступил вечер.
'저녁이 되었다.'

Наступила ночь.
'밤이 되었다.'

3) 현재와 미래시제에서 술어는 주어와 일치한다.

Я читаю. '나는 읽는다.' ; Ты читаешь. '너는 읽는다.';
Он читает. '그는 읽는다.' ; Девушка читает. '아가씨는 읽는다.'
Я отдохну. '나는 쉴 것이다.' ; Ты отдохнёшь '너는 쉴 것이다.'
Они отдохнут. '그들은 쉴 것이다.'

◆◆

비확대문과 확대문

문장은 주어와 술어의 주요 성분으로만 구성될 수 있다:

Студент читает.
'대학생은 읽는다.'

Ветер шумит.
'바람이 소리를 낸다.'

Дорога пряма.
'길이 곧 바르다.'

Доклад интересен.
'연설은 재미있다.'

주요 성분으로만 되어 있는 문장을 비확대문이라 한다. 문장에서 주문을 제외하고 이차 성분이 있을 수 있다:

Студент читает **газету**.
'대학생은 신문을 읽는다.'

Сильный ветер шумит.
'강한 바람이 소리를 낸다.'

Дорога **через горы** опасна.
'산을 가로지르는 길은 가파르다.'

Доклад **о международном положении** интересен.
'국제정세에 관한 연설은 재미있다.'

이차 성분을 가진 문장을 확대문이라 한다.

◆◆
문장의 이차 성분

문장의 이차 성분은 여러 가지 질문에 대답할 수 있다. 질문에 따라서 문장의 이차 성분은 보어, 한정어, 상황어의 세 그룹으로 나누어진다.

대상을 표시하고 사격의 질문에 대답하는 문장의 이차 성분을 보어라고 한다. 주격을 제외한 모든 격을 사격이라 한다:

(Что читает студент?
'대학생은 무엇을 읽느냐?')

Студент читает **газету**.
'대학생은 신문을 읽는다.'

(Кому отвечает ученик?
'학생은 누구에게 대답하느냐?')

Ученик отвечает **учителю**.
'학생은 선생님에게 대답한다.'

(К чему готовятся студенты?
'대학생들이 무엇을 준비하느냐?')

Студенты готовятся **к экзамену**.
'대학생들이 시험을 준비한다.'

(За что борется народ?
'국민은 무엇을 위하여 싸우느냐?')

Народ борется **за мир**.
'국민은 평화를 위하여 싸운다.'

대상의 자질을 표시하고 какой (какая? какое? какие?), чей (чья? чьё? чьи?), и который (которая? которое? которые?) 등에 대답하는 문장의 이차 성분을 한정어라고 한다.

(Какая у него книга?
'그는 어떤 책을 가지고 있느냐?')

У него **интересная** книга.
'그는 재미있는 책을 가지고 있다.'

(Чей этот учебник?'
'이 교과서는 누구의 것이냐?')

Это учебник **сестры**.
'이것은 누이의 교과서다.'

(В котором ряду они сидят?
'그들은 몇 번째 줄에 앉아 있느냐?')

Они сидят в **пятом** ряду.
'그들은 다섯 번째 줄에 앉아 있다.'

(На каком языке они говорят?
'그들은 어떤 언어로 말하느냐?')

Они говорят на **русском** языке.
'그들은 러시아어로 말한다.'

장소, 시간, 원인, 목적, 행위방법 등을 표시하는 문장의 이차 성분을 상황어라고 한다:

(Где работает учитель?
'선생님은 어디에서 일하느냐?')

Учитель работает **в школе**.
'선생님은 학교에서 일한다.' (행위 장소)

(Когда будет концерт?
'콘서트는 언제 열리느냐?')

Концерт будет **вечером**.
'콘서트는 저녁에 열린다.' (행위 시간)

(Почему шумят деревья?
'나무들이 왜 소리를 내느냐?')

Деревья шумят **от ветра**.
'나무들은 바람 때문에 소리를 낸다.' (행위 원인).

(Зачем туристы остановились?
'여행객들은 무엇 때문에 멈추었느냐?')

Туристы остановились **отдохнуть**.
'여행객들은 쉬기 위하여 멈추었다.' (행위 목적).

(Как ученик читает?
'학생은 어떻게 읽고 있느냐?')

Ученик читает **вслух**.
'학생은 큰 소리로 읽고 있다.' (행위 방법).

상황어는 의미에 따라 다음의 그룹으로 나누어진다:

1. где? куда? откуда? 등의 질문에 대답하는 장소 상황어
2. когда? как долго? с каких пор? до каких пор? 등의 질문에 대답하는 시간 상황어
3. почему? по какой причине? 등의 질문에 대답하는 원인 상황어
4. зачем? для чего? с какой целью 등의 질문에 대답하는 목적 상황어
5. как? каким образом? 등의 질문에 대답하는 행위 양태 상황어

연습문제 18 다음 문장을 읽고 확대문과 비확대문을 지적하시오.

1. Кончался март. Моросил дождь. Голые тополя стояли в тумане (*Пауст.*).
2. Поздняя осень. Грачи улетели. Лес обнажился, поля опустели (*Н.*).
3. Октябрь уж наступил. Уж роща отряхает последние листы с нагих своих ветвей (*П.*).
4. Осень наступила, Высохли цветы, И глядят уныло Голые кусты (*Плещ.*).

연습문제 19 비확대문을 확대문으로 만드시오.

1. Пришла весна. Бегут ручьи. Светит солнце. Дует ветерок. Плывут облака.
2. Наступило утро. Показалось солнце. Проснулись птицы. Заблестела роса.
3. Поезд стоит. Пассажиры спешат. Провожающие выходят. Поезд трогается.

연습문제 20 문장의 주 성분과 이차성분을 지적하시오.

1. Я возвращался домой после долгой прогулки (*Тург.*).
2. Весенние облака плывут над землёй.
3. Однажды я ловил рыбу на небольшом озере (*Пауст.*).
4. Дорога круто подымалась в гору.
5. Апрельское солнце сильно грело (*Чех.*).
6. Ночь была ясная. По чистому, безоблачному небу плыла полная луна (*Арс.*).
7. Библиотека была светлая и просторная. Вдоль стен тянулись полки. На полках аккуратно, по алфавиту, стояли самые разные книги. Под лампой находился большой стол для газет и журналов (*Ант.*).

문장의 주요 성분의 표현

주어의 표현

1. 주어는 일반적으로 주격명사로 표현될 수 있다:

Профессор вошёл в аудиторию.
'교수는 강의실에 들어갔다.'

Лекция началась.
'강의가 시작되었다.'

2. 주어는 주격 대명사로 표현될 수 있다.

Мы занимаемся русским языком.
'우리는 러시아어를 공부한다.'

Я буду выступать на семинаре.
'나는 세미나에서 발표할 것이다.'

Никто не опоздал на собрание.
'어느 누구도 모임에 지각하지 않았다.'

Все пришли вовремя.
'모두들 제 시간에 도착했다.'

3. 만약 형용사, 형동사, 수사가 명사의 의미로 사용되고 주격으로 되어 있으면 주어는 이 들 품사에 의하여 표현될 수 있다:

Взрослые наблюдали за игрой детей.
'어른들은 아이들이 노는 것을 지켜보고 있었다.'

Провожающие толпились на перроне.
'배웅하러 온 사람들이 플랫폼에서 붐비고 있었다.'

Пять не делится на два без остатка.
'5는 나머지가 없이 2로 나누어지지 않는다.'

4. 주어는 원형동사로 표현될 수 있다:

Курить воспрещается.
'담배 피우는 것이 금지되어 있다.'

Учиться всегда пригодится.
'공부하는 것은 항상 유익하다.'

5. 명사의 의미로 사용된 불변화 품사로 표현될 수 있다:

Светлое (что?) **завтра** в наших руках, друзья (*Ош.*).
'친구들이여, 밝은 내일이 우리의 손 안에 있다.' (주어가 부사로 표현되어 있다.)

Раздалось громкое (что?) «**ура**».
'우렁찬 '만세 소리'가 울려 퍼졌다.' (주어가 간투사로 표현되어 있다.)

연습문제 21 문장에서 주어와 술어를 찾고, 주어가 어떻게 표현되어 있는지 지적하시오.

1. Все существенное уже было сделано (*Л.Т.*).

2. Семеро одного не ждут (*Посл.*).
3. Проводить каждый вечер около четверти часа у окна своей комнаты вошло у неё в привычку (*Тург.*).
4. Всё весны дыханием согрето, Всё кругом и любит и поёт (*А.К.Т.*).

◆◆◆

어결합에 의한 주어의 표현

주어는 어결합으로 표현될 수 있다. 주어의 역할로 다음의 어결합이 사용된다. 주어가 사물의 수를 표시하는 단어와 생격 명사의 결합으로 표현될 수 있다.

주격 수량 수사와 생격 명사의 결합 :

В аудиторию вошли **четыре студента**.
'네 명의 대학생들이 강의실 안으로 들어갔다.'

Прошло **десять минут**.
'10분이 흘렀다.'

1. 주어가 수사와 명사의 결합일 경우에 술어는 단수와 복수 둘 다 될 수 있다:

На занятии присутству**ют** пять студентов.

На занятии присутству**ет** пять студентов.
'다섯 명의 대학생이 수업에 참석한다.'

과거시제에서 술어가 단수면 술어는 중성형태를 띤다:

На занятии присутства**ло** пять студентов.
'다섯 명의 대학생이 수업에 참석했다.'

주어가 수사 **два, три, четыре**와 결합하여 쓰이면 술어는 보통 복수로 된다:

Ко мне **пришли** два друга.
'두 명의 친구가 나에게 왔다.'

주어가 끝에 단어 **один**을 가진 합성수사와 명사의 결합으로 되어 있으면 술어는 단수로 되고 명사와 성에서 일치한다:

Приехал двадцать один студент.
'21명의 대학생이 왔다.'

Приехала двадцать одна студентка.
'21명의 여자 대학생이 왔다.'

2. 주격 집합 수사와 생격 명사의 결합:

Ко мне пришли **двое друзей**.
'두 명의 친구가 나에게 왔다.'

У сестры было **трое детей**.
'누이는 세 명의 아이가 있었다.'

Оба брата учились в одной школе.
'두 명의 형제가 같은 학교에서 공부했다.'

주어가 집합 수사와 명사의 결합으로 되어 있을 때 술어는 단수도 복수도 될 수 있다:

Подъехали четверо саней.

Подъехало четверо саней.
'네 대의 썰매가 다가왔다.'

주어가 **оба (обе)**와 명사의 결합으로 되어 있을 때 술어는 항상 복수로 된다:

Пришли оба брата.
'두 명의 형제가 왔다.'

3. 주어가 수량어 **много, мало, немного, несколько, сколько** 등과 생격 명사의 결합으로 되어 있는 경우.

На улицах было **много народу**.
'거리에는 많은 사람들이 있었다.'

В аудитории собралось **много студентов**.
'강의실에는 많은 대학생들이 모였다.'

У меня было **мало времени**.
'나는 시간이 별로 없었다.'

В кассе осталось **мало билетов**.
'매표소에는 표가 별로 남아 있지 않았다.'

Прошло **несколько минут**.
'몇 분이 흘렀다.'

Несколько пассажиров вышли из вагона.
'몇 명의 승객이 차량에서 내렸다.'

Сколько студентов присутствовало на лекции?
'몇 명의 대학생이 강의에 출석했나?'

주어가 수량어 несколько와 명사의 결합으로 표현되어 있으면, 술어는 단수로도 복수로도 될 수 있다:

Несколько пассажиров **вышло**.

Несколько пассажиров **вышли**.
'몇 명의 승객이 내렸나.'

주어가 수량어 **много, немного, мало, немало, сколько, столько**와 명사의 결합으로 표현되어 있으면, 술어는 일반적으로 단수로 된다.

В экскурсии **участвовало** много студентов.
'많은 대학생이 수학여행에 참석했다.'

В кассе **осталось** мало билетов.
'교실에는 표가 별로 남지 않았다.'

Сколько человек **присутствовало** на собрании?
'모임에는 몇 명이 참석했나?'

4. 주어가 수량의 의미를 가지는 주격 명사와 생격 명사의 결합으로되어 있을 때, 술어는 보통 수량을 표시하는 명사와 성, 수에서 일치된다. 수량의 의미를 가진 명사로는 다음의 것들이 있다:

тысяча '천', **миллион** '100만', **миллиард** '10억', **сотня** '(집합명사로) 100개', **десяток** '10개', **пара** '한 쌍', **половина** '절반', **часть** '부분', **масса** '다량, 다수',

стадо '(가축의) 떼, 무리', стая '(새, 물고기 등의) 떼', группа '그룹', толпа '군중, 무리', большинство '대다수', меньшинство '소수', множество '다수' 등

В актовом зале свободно разместилась **тысяча студентов**.
'강당에는 천명의 대학생이 자유롭게 여기저기에 자리를 차지하고 있었다.'

У крыльца стояла **пара лошадей**.
'현관에는 두 필의 말이 서 있었다.'

Половина неба была покрыта тучами.
'하늘의 절반이 먹구름으로 덮혀 있었다.'

На собрании был решён **ряд вопросов**.
'모임에서 몇몇 문제들이 해결되었다.'

Большинство друзей голосовало за предложение.
'대부분의 친구들이 제의에 찬성했다.'

Часть друзей голосовала против.
'일부 친구들이 반대했다.'

II. 주어는 전치사를 가진 조격 명사와 주격 명사의 결합으로 표현될 수 있다:

На вокзале меня встретили **мать с отцом** (мать и отец).
'아버지와 어머니가 역에서 나를 마중나와 주셨다.'

Брат с сестрой (брат и сестра) учатся в одной школе.
'형과 누이가 같은 학교에서 공부한다.'

주어가 그런 결합으로 표현되어 있으면 술어는 복수로 된다: встретили, учатся

[주] 만약 술어가 단수로 되어 있으면 (Брат пришёл домой с другом. '형제는 친구와 함께 집으로 왔다.'), 주격 명사만 주어이고, 전치사 с와 조격 명사는 보어이다.

주어가 명사 결합으로 표현될 수 있을 뿐만 아니라 대명사와 명사의 결합으로 또는 대명사의 결합으로 표현될 수 있다:

Мы с другом (я и друг 또는 мы и друг) пойдём на каток.
'나와 친구 또는 우리들과 친구는 스케이트 장으로 갈 것이다.'

Мы с ним (я и он 또는 мы и он) каждое воскресенье ходим на каток.
'나와 그 또는 우리들과 그는 일요일마다 스케이트 장으로 다닌다.'

Мы с тобой (я и ты) друзья.
'나와 너는 친구다.'

Мы с вами (я и вы 또는 мы и вы) уже говорили об этом.
'나와 당신 또는 우리들과 당신은 이미 이것에 대하여 말하였다.'

III. 주어가 전치사 **из**와 복수 생격 대명사 또는 명사와 수사의 결합으로 표현될 수 있다:

Двое из нас должны остаться.
'우리들 중 두 사람은 남지 않으면 안 된다.'

Один из студентов сделал доклад.
'대학생 중 한 명이 보고했다.'

그런 어결합에서는 수사를 제외하고 최상급 형용사나 대명사도 사용된다:

Самые интересные из этих книг уже прочитаны.
'이 책 중에서 가장 재미있는 것들은 이미 읽혀졌다.'

Никто из нас не был на концерте.
'우리들 중 어느 누구도 콘서트에 가지 않았다.'

연습문제 22 문장을 읽고 어결합으로 표현되어 있는 주어를 지적하시오. 주어와 술어의 일치를 설명하시오.

А.
1. Шли два приятеля вечернею порой И дельный разговор вели между собой (*Кр.*).
2. В песчаных степях аравийской земли Три гордые пальмы высоко росли (*Л.*).
3. Уже десять лет ушло с тех пор (*П.*).
4. Оба молодых человека уехали тотчас после ужина (*Тург.*).
5. Половина окон выходила в старый тенистый сад (*Чех.*).
6. Много песен над Волгой звенело (*Леб.-К.*).
7. Несколько лип в старом саду были срублены (*Л.Т.*).
8. В ауле множество собак встретило нас громким лаем (*Л.*).
9. Во дворе, возле крыльца, стояла пара лошадей (*Ш.*).

B.

1. Мы с приятелем вдвоём Замечательно живём (*Михалк.*).
2. Старик с мальчиком и с собакой обошли весь дачный посёлок (*Купр.*).
3. Почти каждый вечер после работы у Павла сидел кто-нибудь из товарищей (*М.Г.*).
4. Мы с Катей и Соней после обеда пошли в сад на нашу любимую скамейку (*Л.Т.*).

연습문제 23 다음의 어결합을 가지고 주어의 역할을 하는 문장을 만드시오.

1. десять рабочих
2. четверо друзей
3. много народу
4. многие из студентов
5. сорок один человек
6. оба друга
7. большинство присутствующих
8. стая птиц
9. большая часть пути
10. мы с друзьями
11. один из руководителей
12. трое из нас.

◆◆

술어의 표현

술어에는 단일 술어와 합성 술어가 있다. 단일 술어는 직설법, 조건법 또는 명령법 동사로 표현될 수 있다.

※ 직설법:

Я учусь в университете.
'나는 대학교에서 공부한다.'

Мы **будем отдыхать** на юге.
'우리는 남쪽에서 휴식할 것이다.'

Поезд **остановился**.
'기차는 멈추었다.'

※ 가정법:

Без твоей помощи я **не подготовился бы** к экзаменам.
'너의 도움이 없었더라면 나는 시험을 준비할 수 없었을 텐데.'

※ 명령법:

Расскажи мне все новости.
'모든 새로운 소식을 나에게 전해주게.' (명령법)

합성술어는 두 부분으로 구성되어 있다:

Он **будет учителем**.
'그는 선생님이 될 것이다.'

Окно **было открыто**.
'창은 열려 있었다.'

Мы **хотели гулять**.
'우리는 산책하길 원했다.'

합성술어에는 명사류 합성술어와 동사 합성술어가 있다.

◆◆◆

명사류 합성술어

명사류 합성술어는 두 부분 — 동사 계사와 명사류 부분 — 으로 이루어져 있다:

Ветер **был** сильный.
'바람은 강했다.'
(был는 계사이고, сильный는 형용사로서 명사류 부분이다.)

Отец **был** робочим.
'아버지는 노동자였다.'

(был은 계사이고, рабочим는 명사 조격으로서 명사류 부분이다.)

Брат **будет лётчиком**.
'형은 비행사가 될 것이다.'

(бедет는 계사이고, лётчиком는 명사 조격으로서 명사류 부분이다.)

동사 계사는 독립적인 의미를 가지지 않고 술어의 법과 시제를 가리킨다:

※ 명령법:

Будь готов к отъезду.
'출발 준비를 하시오.'

※ 가정법:

Без твоей помощи я **не был бы готов**.
'너의 도움이 없었더라면 준비하지 못했을 텐데.'

※ 직설법:

Я был готов.
'나는 준비되었다.'

Я буду готов.
'나는 준비될 것이다.'

현재 시제에서 계사는 일반적으로 쓰지 않는다: Я готов. '나는 준비되어 있다.'
명사류 합성술어의 명사류 부분은 주성분이다. 그것은 술어의 기본 의미를 내포하고 있다.

◆◆◆

명사류 합성술어의 명사류 부분의 표현

명사류 합성술어의 명사류 부분은 명사로 표현될 수 있다:

Мой отец **инженер**.
'나의 아버지는 기술자이다.'

Раньше он **был рабочим**.
'이전에 그는 기술자였다.'

Брат — **студент**.
'형은 대학생이다. '

Он **будет врачом**.
'그는 의사가 될 것이다.'

계사 **быть**는 현재시제에서 일반적으로 사용하지 않고, 명사는 주격으로 된다:

Брат — студент.
'형은 대학생이다.'

Москва — столица России.
'모스크바는 러시아의 수도이다.'

어떤 경우, 학문적인 정의에서 계사는 현재시제에서도 사용된다:

Прямая **есть** кратчайшее расстояние между двумя точками.
'직선은 두 점 사이의 최단거리이다.'

과거시제와 미래시제에서 술어의 성분으로 사용되는 명사는 일반석으로 조격으로 된다:

Брат был **врачом**.
'형은 의사였다.'

Отец был **рабочим**.
'아버지는 노동자였다.'

이따금 과거시제에서 명사 주격도 사용된다:

Отец был **рабочий**.
'아버지는 노동자였다.'

2. 명사류 합성술어의 명사류 부분은 형용사로도 표현될 수 있다.
A. 형용사는 술어의 성분에서 형용사 장어미 형태

.

(Погода **была хорошая**. '날씨는 좋았다.'), 단어미 형태(Погода **была хороша**. '날씨는 좋았다.'), 비교급(Волга **длиннее** Днепра. '볼가강은 드네쁘르

강보다 더 길다.'), 최상급(Волга – **величайшая** из рек Европы. '볼가강은 유럽에서 가장 길다.')으로 될 수 있다.

술어의 성분으로 형용사가 사용될 때 현재시제에서 계사는 결코 사용되지 않는다.

B. 과거시제와 미래시제에서는 장어미 형용사는 주격도 되고 조격도 될 수 있다:

Лекция **была интересная**.
'강의는 재미있었다.'

Лекция **была интересной**.
'강의는 재미있었다.'

День **будет солнечный**.
'날은 맑을 것이다.'

День **будет солнечным**.
'날은 맑을 것이다.'

회화체에서는 일반적으로 주격이 사용되고 문어체에서는 조격이 사용된다.

술어의 역할로 사용되는 장어미 형용사는 일반적으로 주어 앞에 놓이고 그것은 한정어이다:

Была **хорошая** погода.
'좋은 날씨였다.'

Завтра будет **солнечный** день.
'내일은 맑은 날이 될 것이다.'

C. 형용사 단어미는 술어성분으로만 사용되고, 격변화를 하지 않는다.

1) 장어미 형태와 비교할 때 단어미 형태는 일반적으로 문어체에서 사용된다:

Лекция была интересна.
'강의는 흥미로웠다.'

Решение было правильно.
'결정은 옳았다.'

Доклад будет содержателен.
'보고는 내용이 있을 것이다.'

2) 장어미 형태와 비교할 때 단어미 형태는 사물의 일시적인 자질이나 상태를 표시할 수 있다:

Река спокойная. 이 문장은 '강은 일반적으로 항상 조용하다.'를 의미한다.

Река спокойна. 이 문장은 '강은 지금 주어진 시점에 조용하다.'를 의미한다.

3) 장어미 형태와 비교할 때 단어미 형태가 표시하는 것은 일반적인 것이 아니라 일정한 사물의 관계에 따라, 일정한 조건에 대한 자질을 표시한다.아래 두 문장을 비교하시오.

Ботинки **маленькие**. 일반적으로 구두가 작다는 말이다.

Ботинки **малы**. 이 문장은 어떤 특정한 사람에게 구두가 작다는 말이다.

Пальто **широкое**.
'외투는 크다.'

Пальто тебе не годится: оно **широко**.
'외투는 크기 때문에 너에게 그 외투는 맞지 않다.'

4) 주어가 대명사 **это**로 표현되어 있으면, 술어의 성분에 단어미 형태만 사용된다:

Это **интересно**.
'이것은 흥미롭다.'

Это **понятно**.
'이것은 이해가 된다.'

5) 형용사가 보어를 가지면 술어의 성분으로 단어미 형태로만 사용된다:

Эта книга будет **интересна** для тебя.
'이 책은 너에게 흥미로울 것이다.'

3. 명사류 합성 술어의 명사류 부분은 피동형동사 단어미로 표현될 수 있다. 형동사 단어미는 술어 성분에서만 사용된다:

В этом районе **построен** завод.
'이 지역에 공장이 건설되었다.'

Книга **прочитана**.
'책은 읽혀졌다.'

Дверь **была закрыта**.
'문은 닫혀 있었다.'

Завтра работа **будет закончена**.
'내일 일은 마치게 될 것이다.'

4. 명사류 합성 술어의 명사류 부분은 수사(пять и два — **семь** '5 더하기 2는 7이다.'), 부사(Она **замужем**. '그녀는 결혼했다.'), 대명사(Этот дом **наш**. '이 집은 우리 집이다.' Кто **вы**? '당신은 누구입니까?')로 표현될 수 있다.

5. 명사류 합성 술어의 명사류 부분은 어결합으로 표현될 수 있다:

1) 생격 명사와 형용사의 결합:

Брат **высокого роста**.
'형은 키가 크다.'

Море было **серого цвета**.
'바다는 회색 빛을 띠고 있었다.'

Бумага была **первого сорта**.
'종이는 초고급 품이었다.'

2) 전치사 из과 명사나 형용사와 단어 один의 결합:

Алексей Николаевич Толстой **был одним из крупнейших советских писателей**.
'알렉세이 니꼴라예비치 똘스또이는 소비에트의 가장 위대한 작가 중 한 명이었다.'

Этот день **был один из самых жарких**.
'이 날은 가장 더운 날 중 하루였다.'

연습문제 24 주어와 명사합성술어를 찾고, 이 명사합성술어가 어떻게 표현되어 있는지 지적하시오.

1. Весенние полевые работы были закончены (*А.Т.*).

2. Весна была весною даже и в городе (*Л.Т.*).
3. Морозна ночь; всё небо ясно (*П.*).
4. Герасим был нрава сурового и серьёзного, любил во всём порядок (*Тург.*).
5. Всегда его (Леонтьева) тянуло в лесные края. Леса были его страстью, его увлечением (*Пауст.*).

연습문제 25 다음의 어결합에서 단어미 형용사로 표현되어 있는 명사합성술어를 가지고 문장을 만드시오.

a) 현재시제술어

보기 : Чистый, свежий воздух

Воздух чист и свеж.

1. Глубокое, спокойное озеро.
2. Тихая, тёмная ночь.
3. Белые от снега поля.
4. Широкая прямая улица.
5. Неисчерпаемые силы народа.
6. Могучий и непобедимый лагерь мира.
7. Светлое, прекрасное будущее.

b) 과거시제 술어

보기 : Короткая летняя ночь

Летняя ночь была коротка.

1. Долгий зимний день.
2. Ослепительный блеск молнии.
3. Оглушительные удары грома.
4. Поспешное, ошибочное решение.
5. Требовательный к ученикам учитель.
6. Точный, ясный ответ.
7. Сильный северный ветер.
8. Нужная нам помощь.

c) 미래시제술어

보기 : Интересный доклад.

Доклад будет интересен.

1. Хороший урожай.
2. Довольные экскурсией студенты.

3. Успешная работа.
4. Прочный красивый мост.
5. Готовые к походу люди.
6. Многолюдное собрание.

연습문제 26 형용사 단어미 형태를 주격이나 조격으로 된 장어미 형태로 바꾸시오.

보기: Ответ был точен.
Ответ был точный.
Ответ был точным.

1. Рассказ был очень интересен.
2. Мелодия песни была красива.
3. Новая квартира будет удобна.
4. Вечер будет прохладен.
5. Выражение её лица было грустно.
6. Вопросы, которые мы обсуждали, были сложны.
7. Небо будет ясно.
8. Объяснение было ошибочно.
9. Урожай будет хорош.

◆◆◆

명사류 합성술어에서 계사의 역할로 사용되는 동사들

동사 **быть**를 제외하고 다음의 동사들도 계사의 역할로 사용될 수 있다:

бывать	Осенью лес **бывает** особенно красивым. '가을에 숲이 특히 아름다울 때가 자주 있다.'
являться	Народ **является главной силой** развития общества, творцом истории. '국민은 사회발전의 주역이고, 역사의 창조자이다.'

동사 **являться**는 동사 **быть**와 동일한 의미를 가지지만 문어체에서는 사용되지 않는다.

становиться **стать**	Ветер **становится холоднее**. '바람이 차가워지기 시작한다.' Погода **стала холодной**. '날씨가 차가워졌다.' Народ **стал хозяином** своей страны. '국민이 자신의 나라의 주인으로 되었다.'
считаться	Он **считается** хорошим **организатором**. '그는 훌륭한 조직가로 간주된다.'
называться	Бором **называется лес**, в котором растут хвойные деревья. '침엽수가 자라는 숲을 침엽수림이라 한다.'
казаться **показаться**	Новая работа первое время **казалась** мне **трудной**. '새로운 일은 처음에 나에게 어렵게 여겨졌다.' Он **показался** нам **усталым**. '우리는 그가 피곤하게 보였다.'
оказываться **оказаться**	Мы думали, что задача лёгкая, а она **оказалась трудной**. '우리는 과제가 쉽다고 생각하였지만, 그 과제는 어렵다는 것을 알게 되었다.'
оставаться **остаться**	Он всегда **остаётся спокойным** в минуту опасности. '그는 항상 위험한 순간에 차분해진다.' Руководитель **остался доволен** результатами работы. '지도자는 일의 결과에 만족하게 되었다.'

열거된 모든 동사들 다음에 명사들과 장어미 형용사들은 조격으로 된다.

동사 бывать, стать, оказаться, остаться 다음에는 형용사 단어미 형태가 사용될 수 있다:

Осенью лес **бывает** особенно **красив**.
'가을에 숲이 아름다울 때가 자주 있다.'

Рувокодитель **остался доволен**.
'지도자는 만족하게 되었다.'

Задача **оказалась трудна**.
'과제는 어렵다는 것을 알게 되었다.'

동사 **быть**와 명사류 합성술어에서 계사의 역할을 하는 몇몇 다른 동사들은 단순 술어에서 독립적인 동사로 사용될 수 있고 그런 경우에 다른 의미를 가진다.

명사류 합성술어	단순 동사술어
Он **был инженером**. '그는 기술자였다.'	Он **был** (находился) на заводе. '그는 공장에 있었다.'
Он **является директором**. '그는 관리자다.'	Он всегда **является** (приходит) раньше всех. '그는 항상 누구보다도 먼저 나타난다.'
Он **стал студентом**. '그는 대학생이 되었다.'	Он **стал** у доски. '그는 칠판 옆에 서 있었다.'
Он **остался моим другом**. '그는 나의 친구가 되었다.'	Он **остался** дома. '그는 집에 남아 있었다.'

연습문제 27 주어와 명사합성술어를 가리키시오. 술어가 어떻게 표현되어 있는지 정하시오.

A.

1. Основным материалом литературы является слово (*М.Г.*).
2. Медленно наступала весенняя ночь. Тишина становилась полной, глубокой (*М.Г.*).
3. Солнце сквозь туман кажется жёлтым пятном (*Л.*).
4. Старый, давно запущенный сад в это утро казался таким молодым, нарядным (*Чех.*).
5. Ночь становилась всё темнее и молчаливей (*М.Г.*).
6. Она в семье своей родной казалась девочкой чужой (*П.*).

B.

1. Первая цель искусства — воспроизведение действительности (*Черн.*).
2. Жизнь прекрасна и удивительна (*Маяк.*).
3. Незанимательный роман, незанимательная пьеса — это есть кладбище идей, мыслей и образов (*А.Т.*).
4. Творческая работа — это прекрасный, необычайно тяжёлый и изумительно радостный труд (*Н.О.*).

연습문제 28 문장을 읽고 주어와 술어를 찾으시오. 문장에서 그들의 위치에 주의를 기울이시오.

1. Появление человека было одним из величайших переворотов в развитии природы.
2. Основой жизни общества является материальное производство.
3. Решающим условием, создавшим человека, был труд.
4. Труд является основой общественной жизни человека.
5. Огромным завоеванием первобытного человека в борьбе с природой было открытие огня.
6. Вопрос об отношении мышления к бытию является основным вопросом всякой философии.

연습문제 29 다음의 문장을 계사가 없이 쓰시오.

보기: Труд является основой общественной жизни человека.
Труд — основа общественной жизни человека.

1. Практика является высшим критерием истинности всех научных систем и теорий.
2. Теснейшая связь науки с жизнью является залогом процветания науки.
3. Сознание есть свойство высокоорганизованной материи.
4. Мышление есть продукт деятельности мозга, а мозг есть орган мышления.
5. Литература есть великое общественное дело (*Кор.*).
6. Простота есть необходимое условие прекрасного (*Л.Т.*).
7. Идея есть душа художественного произведения (*Кор.*).

연습문제 30 동사의 계사로서 бывать, являться, становиться, стать, казаться, оказаться, остаться를 사용하면서 명사 합성술어를 가진 문장을 만드시오.

연습문제 31 다음 문장의 명사류 합성술어에서 являться를 사용하여 문장을 바꾸시오.

보기: Книги — это источник знаний.
Книги является источником знаний.

1. Апрель — это месяц поразительных контрастов.
2. Памятники древнерусской архитектуры — это наша национальная гордость.
3. Луна — это естественный спутник Земли.
4. Азот — это составная часть воздуха.

◆◆◆

상태나 동작을 표시하는 동사와 명사류 합성술어

술어는 상태(сидеть, лежать, стоять) 또는 동작(прийти, вернуться, уехать)을 나타내는 동사와 형용사 또는 형동사와의 결합으로 표현될 수 있다.

Он две недели **пролежал больной**.
'그는 아파서 2주일동안 누워있었다.'

Дети **пришли** с прогулки **весёлые**.
'아이들은 즐겁게되어 산책에서 돌아왔다.'

형용사들과 형동사들은 그런 결합에서 주격이나 조격으로 사용되고 동사 다음에 놓인다.

Сестра **приехала больная**.
'누나는 병에 걸려 돌아왔다.'

Он **вернулся** из санатория **окрепшим**.
'그는 건강하게 되어 요양소에서 돌아왔다.'

다음 문장을 비교하시오:

Сестра приехала больная.
'누나는 병에 걸려 왔다.'

Больная сестра приехала.
'병든 누나가 왔다.'

첫 번째 문장에서 형용사 **больная**는 동사 **приехала**와 관계되고 술어 성분으로 된다. 두 번째 문장에서 형용사 **больная**는 명사 **сестра**와 관계되고 한정어로 된다.

연습문제 32 문장을 읽고 술어를 가리키시오.

1. Веками пустыня лежала нетронутая (*Пауст.*).
2. Софья скоро уехала куда-то, дней через пять явилась весёлая, живая (*М.Г.*).
3. Из своих путешествий она всегда возвращалась к Николаю бодрая и довольная исполненной работой (*М.Г.*).
4. Дождь усилился и пошёл ровный и частый (*Арс.*).
5. Деревья стояли отяжелённые снегом (*Аж.*).
6. Приходи к нам на помощь не только смелым, но и умелым (*Гайд.*).

◆◆◆

동사 합성술어

A. 동사 합성술어는 동사원형과 활용형 조동사로 이루어져 있다.

Снег **продолжает падать**.
'눈은 계속 내린다.'

Ветер **перестал дуть**.
'바람이 불기를 그쳤다.'

Мы **хотели отдохнуть** и **решили остановиться** в первой же деревне.
'우리는 휴식을 취하고 싶어서 첫 번째 마을에서 머물기로 했다.'

여기에서 продолжает, перестал, хотели, решили 등이 조동사이다. 조동사는 술어의 법과 시제를 가리킨다.

Я **хотел бы** отдохнуть.
'나는 쉬었으면 한다.' (가정법)

Начинайте работать.
'일하기를 시작하세요.' (명령법)

Снег **продолжает падать**.
'눈은 계속해서 내린다.' (직설법 현재)

Снег **продолжал падать**.
'눈은 계속해서 내렸다.' (직설법 과거)

의미에 따라 조동사는 두 그룹으로 나누어진다:

1. 행위의 시작, 계속, 끝을 표시하는 동사:

начинать (불완) — начать (완) '하기 시작하다', стать (완) '하기 시작하다'
приниматься (불완) — приняться (완) '착수하다, 시작하다', продолжать (불완) '계속하다'
переставать (불완) — перестать (완) '그치다'
кончать (불완) — кончить (완) '끝마치다'

이 동사들은 불완료상 동사 원형과 결합하여 사용된다:

Снег **начал (стал) таять**.
'눈이 녹기 시작했다.'

Снег **начинает таять**.
'눈이 녹기 시작한다.'

Снег **продолжает таять**.
'눈을 계속해서 녹는다.'

Студент **кончил заниматься**.
'대학생은 공부하기를 마쳤다.'

Мы **кончаем заниматься** в шесть часов.
'우리는 여섯 시에 공부를 마친다.'

■ [주] 동사 합성술어에서 완료상 동사 продолжить는 사용되지 않는다. 이 동사는 보어를 수반해서만 사용된다: Мы продолжили работу. '우리는 일을 계속했다.' 대응되는 불완료상 동사는 동사원형뿐만 아니라 보어와도 함께 사용된다: Мы продолжали работать. '우리는 일하기를 계속했다.' Мы прололжали работу. '우리는 일을 계속했다.'

2. 행위의 가능이나 소망을 표시하는 동사들:

불완료상	완료상	해석
мочь	смочь	'할 수 있다'
уметь	суметь	'능력이 있다'
хотеть	захотеть	'원하다'
решать(ся)	решить(ся)	'결정하다'
собираться	собраться	'준비하다'
пытаться	попытаться	'시도하다'
пробовать	попробовать	'시도해보다'
намереваться	—	'...를 할 작정이다'
стараться	постараться	'노력하다'
желать	пожелать	'원하다'
стремиться	—	'추구하다'

이 동사들과는 완료상뿐만 아니라 불완료상 동사원형도 사용될 수 있다:

Он **не мог говорить от волнения**.
'그는 흥분해서 말을 할 수 없었다.'

Мальчик **умеет кататься** на коньках.
'소년은 스케이트를 탈 줄 안다.'

Мы **хотели отдохнуть** и **решили остановиться**.
'우리는 휴식을 취하고 싶어서 머물기로 했다.'

B. 동사 합성술어에서는 다음의 것들이 사용될 수 있다.

단어미 형용사 **должен** '해야 한다', **рад** '기쁘다', **готов** '준비가 되어 있다', **согласен** '동의한다', **намерен** '할 생각이다', **обязан** '해야 한다', **способен** '능력이 있다.'

과거와 미래는 계사 быть에 의하여 표현된다.

Он **должен прийти**.
'그는 오지 않으면 안 된다.'

Он **должен был прийти**.
'그는 오지 않으면 안되었다.'

Он **должен будет прийти**.
'그는 오지 않으면 안될 것이다.'

Мы **согласны помочь**.
'우리는 돕는 것에 동의한다.'

Они **были обязаны участвовать**.
'그들은 반드시 참석해야만 했었다.'

Я **буду готов приступить** к работе.
'나는 일에 착수할 준비가 되어 있을 것이다.'

2. 동사들과 명사들과의 결합 **быть в состоянии** '할 수 있다' 그리고 **иметь возможность** '할 수 있다, 가능성을 가지다':

Он **в состоянии (может) сделать** это.
'그는 이것을 할 수 있다.'

Мы **имеем возможность (можем) учиться**.
'우리는 공부할 수 있다'

연습문제 33 다음 문장에서 동사 합성 술어에 밑줄을 치고, 원형의 상을 가리키시오.

1. Мы продолжали молча идти друг подле друга (*Л.*).
2. На тёмном небе начинали мигать звёзды. Мы легко могли различить дорогу (*Л.*).
3. Он стал спускаться по узкой и крутой тропинке.
4. Солнце начинало прятаться за снеговой хребет (*Л.*).
5. Я был готов любить весь мир (*Л.*).
6. Я мог различить при свете луны далеко от берега два корабля (*Л.*).
7. Владимир очутился в поле и напрасно хотел снова попасть на дорогу (*П.*).
8. Владимир старался только не потерять настоящего направления (*П.*).
9. Мало-помалу деревья начали редеть, и Владимир выехал из лесу (*П.*).
10. Он согласился ждать лошадей и заказал себе ужин (*П.*).

연습문제 34 다음 단어들을 조동사의 일부분으로 사용하여 합성동사술어를 가진 여덟 개의 문장을 만드시오.

《начать, начинать, кончать, кончить, иметь, возможность, пробовать, попробовать, решить, перестать, уметь, согласен, обязан, рад.》

연습문제 35 빈 곳에 조동사나 의미가 적당한 단어미 형용사를 넣으시오.

1. Была прекрасная погода, и мы _____ отправиться за город.
2. Гора была очень крута, и мы не _____ взобраться на неё.
3. Снег _____ таять, и вода в реке _____ прибывать.
4. Студент _____ готовиться к семинару и ушёл из читальни.
5. На собрание _____ явиться все.
6. Он всегда _____ помочь друзьям.

연습문제 36 괄호 속에 주어진 동사들 중 하나를 빈 곳에 넣으시오.

1. В середине мая дети перестали _____ в школу.
2. Студенты продолжают _____ зачёты.
3. Перед отъездом он хотел ещё раз _____ город и решил _____ на вокзал пешком.
4. Он поднялся на крыльцо и стал _____ в дверь.
5. Многие друзья хотят _____ в хоровом кружке.
6. Вчера я не успел _____ письмо. Я должен _____ его сегодня.
7. Он будет рад _____ со старыми друзьями.
8. Небо стало _____ и появились звёзды.
(*сдавать, ходить, стучать, увидеть, идти, заниматься, написать, темнеть, встретиться*)

◆
문장의 이차 성분의 표현

◆◆
보어

보어를 표현하기 위해서는 일반적으로 다음 것들이 사용된다: 전치사를 사용하거나 또는 전치사를 사용하지 않은 사격 명사와 대명사가 사용된다:

Я купил **тебе книгу**.
'나는 너에게 줄 책을 구입했다.'

Студенты готовятся **к зачёту**.
'대학생은 패스 시험을 준비한다.'

Они будут сдавать **его** завтра.
'그들은 내일 그것을 건네줄 것이다.'

2. 형용사, 형동사, 수사들이 문장에서 명사의 의미로 사용되면, 형용사, 형동사, 수사들, 그리고 원형 동사들이 사용된다:

Мы вспоминали **о прошлом**.
'우리는 과거를 회상하고 있었다.'

Все посмотрели **на вошедшего**.
'모두는 들어오는 사람을 바라보았다.'

Нужно разделить **четырнадцать** пополам.
'14를 반으로 나누어야 한다.'

Я учу друга **плавать**.
'나는 친구에게 수영하는 방법을 가르친다.'

3. 어결합들이 사용된다:

1) 사물의 수를 표시하는 사격 단어와 생격 명사의 결합:

Огонь охватил **два дома**.
'불길이 두 채의 집을 에워쌌다.'

У большитства друзей есть учебники.
'대부분의 친구들은 교과서를 가지고 있다.'

2) 전치사 **с**와 조격 명사 또는 대명사와의 결합 그리고 사격으로 된 다른 명사 또는 대명사의 결합:

Я поеду **к отцу с матерью**.
'나는 부모님에게 갈 것이다.'

Нам с тобой (т.е. мне и тебе) прислали письма.
'나와 너에게 편지를 보내왔다.'

3) 임의의 사격으로 된 수사, 최상급 형용사 또는 대명사와 전치사 **из**와 함께 사용한 생격 명사 또는 대명사와의 결합:

Одному из студентов поручили сделать доклад.
'대학생 중 한명에게 보고서 작성을 의뢰했다.'

Ни у кого из нас нет словаря.
'우리 중 누구도 사전을 가지고 있지 않다.'

Со многими из друзей я уже знаком.
'친구 중 대부분과 나는 이미 친분이 있다.'

연습문제 37 다음을 읽고 보어를 찾고, 그것이 어떻게 표현되어 있는지 지적하시오.

1. Теперь уже деревья не заслоняли простора, и можно было видеть небо и даль (*Чех.*).
2. Все молчали и думали о только что слышашном (*Чех.*).
3. Я начал жить очень хорошо, каждый день приносил мне новое и важное (*М.Г.*).
4. А.М. Горький всегда рекомендовал начинающим писателям читать русские сказки, знать пословицы своего народа (*Фад.*).

◆◆◆

직접보어와 간접보어

보어는 무엇보다도 자주 동사와 관계된다. 동사와 관계되는 보어는 직접보어와 간접보어가 있다.

직접보어는 타동사에 관계되고 전치사 없이 대격 또는 생격으로 놓인다:

Студент пишет (что?) **доклад**.
'대학생은 보고서를 쓴다.'

Я встретил (кого?) **друга**.
'나는 친구를 만났다.'

만약 타동사에 부정소사 **не**를 사용하면, 직접 보어는 일반적으로 생격으로 된다:

Ученик не решил **задачи**.
'학생은 문제를 풀지 못했다.'

Это предложение не вызвало **возражений**.
'이 제의는 반대를 초래하지는 않았다.'

Я не получаю от него **писем**.
'나는 그로부터 편지를 받고 있지 않다.'

만약 타동사가 모든 대상이 아니라, 단지 대상의 부분만을 표시하는 행위를 나타내면, 직접보어도 생격으로 된다:

Я купил хлеба.
'나는 빵를 조금 구입했다.'

그 밖의 보어를 간접보어라 한다.

연습문제 38 괄호 안에 주어진 단어를 이용하여 빈 칸에 필요한 격으로 된 보어를 넣으시오. 직접 보어와 간접 보어를 가리키시오.

1. Мы поздравили _____ с днём рождения (*школьный друг*).
2. Вчера я встретил на улице _____ (*брат*).

3. Мы ещё не сдавали _____ по физике (*экзамен*).
4. Мне надо пойти в писчебумажный магазин и купить ______ (*бумага и карандаши*).
5. Когда студенты читали этот текст, они пользовались _____ (*словарь*).
6. Эта студентка интересуется _____ (*русская живопись*).
7. Лектор не говорил об этом подробно, он только коснулся ______ (*эта проблема*).
8. Я завидую _____, который получил много писем (*друг*).
9. Сегодня мы не видели _____ в университете (*эта преподавательница*).
10. Никто не сомневается в _____ (*его искренность*).
11. Этот преподаватель учит нас _____ (*русский язык*).
12. Все радуются _____ (*солнечная погода*).

연습문제 39 이탤릭체로 된 동사와 어결합을 아래에 주어진 동의 동사로 바꾸시오. 보어의 격을 적당하게 변화시키시오.

1. Докладчик *затронул* важный вопрос.
2. После наводнения тысячи людей *остались* без крова.
3. Мне поручили *вести* кружок.
4. Дети, которые *имеют* способности к рисованию, занимаются в кружке.
5. Студенты *проявляют интерес* к вопросам международной политики.
(*лишиться, обладать, руководить, коснуться, интересоваться*)

연습문제 40 타동사를 소사 -ся를 가진 자동사로 바꾸고 문장구조를 적당하게 변화시키시오.

보기: Приезд отца обрадовал детей.
Дети обрадовались приезду отца.

1. Меня интересует русская литература.
2. Его способности удивляют друзей.
3. Наступающая весна радует всех.
4. Способности ребёнка восхищали родителей.

연습문제 41 주어진 어결합을 사용하여 문장을 만드시오.

1. выполнение плана
2. описание природы
3. уборка урожая

4. владение языком
5. беседа о выборах
6. внимание к друзьям
7. вера в победу
8. уверенность в успехе
9. выступление перед слушателями
10. интерес к музыке
11. стремление к знаниям
12. призыв к борьбе
13. защита диссертации
14. работа над диссертацией.

◆◆◆

명사와 형용사에 관계되는 보어

보어는 명사에 관계될 수 있다:

Постройка (чего?) **дома** будет скоро закончена.
'집을 건축하는 일은 곧 끝날 것이다.'

Аспиранту поручили руководство (чем?) **семинаром**.
'대학원생에게 세미나의 지도를 맡겼다.'

У него пробудился интерес (к чему?) **к музыке**.
'그에게 음악에 대한 관심이 일어났다.'

만약 동사가 타동사라면 이와 관련되는 명사는 생격을 요구한다:

Я начал изучать русский язык.
'나는 러시아어를 공부하기 시작했다.'

Я начал изучение **русского языка**.
'나는 러시아어 공부를 시작했다.'

만약 타동사가 감정을 표현하면 이와 관련되는 명사는 전치사 к를 가진 여격으로 된다:

любить родину '조국을 사랑하다' — любовь **к родине** '조국에 대한 사랑',
уважать учителя '선생님을 존경하다' — уважение **к учителю** '선생님에 대한 존경'.

만약 명사가 자동사에서 파생된 명사이면 그 명사는 일반적으로 동사가 요구하는 동일한 격과 전치사를 요구한다:

Он **увлекается** музыкой .
'그는 음악에 푹 빠져 있다.'

Он говорил о своём **увлечении** музыкой.
'그는 자신이 음악에 마음을 빼앗긴 것에 대하여 말했다.'

Народы **борются за мир**.
'국민들은 평화를 위해 투쟁한다.'

Ширится **борьба за мир**.
'평화를 위한 투쟁이 확산되고 있다.'

Его **поблагодарили за работу**.
'그에게 일한 것에 대한 고마움을 전했다.'

Он получил **благодарность за работу**.
'그는 일한 것에 대한 감사의 말을 받았다.'

다음의 예외적인 표현은 암기해야 한다:

страшиться опасности
'위험을 두려워하다'

страх перед опасностью
'위험에 대한 두려움'

победить врага
'적에게 승리하다'

победа над врагом
'적에 대한 승리'

интересоваться музыкой
'음악에 흥미를 가지다'

интерес к музыке
'음악에 대한 흥미'

доверять другу
'친구를 신뢰하다'

доверие к другу
'친구에 대한 신뢰'

завидовать другу
'친구를 부러워하다'

зависть к другу
'친구에 대한 부러움'

2. 보어는 형용사에도 관계될 수 있다:

учитель доволен (кем?) **учеником**.
'선생님은 학생에 만족한다.'

Кувшин полон (чего?) **молока**.
'항아리는 우유로 가득하다.'

Страна богата (чем?) **лесом**.
'나라는 숲이 풍부하다.'

Сын похож (на кого?) **на отца**.
'아들은 아버지를 닮았다.'

Вопрос понятен (кому?) **студенту**.
'질문은 학생에게 이해된다.'

연습문제 42 보어를 가진 동사 어결합을 보어를 가진 명사 어결합으로 바꾸시오.

보기: интересоваться архитектурой — **интерес к архитектуре**

1. помогать другу
2. изменить план
3. строить завод
4. защищать границы
5. владеть языком
6. доверять другу
7. победить врага
8. верить в победу
9. мечтать о счастье
10. стремиться к свободе
11. отказаться от помощи
12. работать над докладом

연습문제 43 문장을 읽고 보어와 이와 관련되는 단어를 지적하시오. 보어의 격을 규정하시오.

1. Большого напряжения и великой страсти требует наука от человека (*Пав.*).
2. Мы не можем ждать милостей от природы, взять их у неё — наша задача (*Мич.*).
3. Мы стремимся к полному овладению богатствами нашей Родины.
4. Первого мая мы радуемся не только весне природы, но и весне человечества (*И.Э.*).
5. Положение человека имеет решительное влияние на характер его убеждений (*Черн.*).

6. Извращённое искусство может быть непонятно людям, но хорошее искусство всегда понятно всем (*Л.Т.*).
7. Я не люблю весны (*П.*).
8. С детства привык он к полевым работам, к деревенскому быту (*Тург.*).

◆◆

한정어

한정어는 какой? чей? который? сколько? 등의 질문에 대답한다. 한정어는 항상 명사에 관계된다. 명사에 일치되는 한정어를 일치 한정어라 한다.

Стояла **свежая безлунная** ночь **ранней южной** осени (Фад.).
'남국의 이른 가을의 달빛 없는 신선한 밤이 계속되었다.'

일치 한정어는 피한정어 명사(ночь, осени)와 성, 수, 격에서 일치한다. 명사와 일치하지 않는 한정어를 비일치 한정어라고 한다.

Изба **лесника** состояла из одной комнаты.
'산지기의 농가는 방이 하나로 되어 있었다.'

피한정어 изба는 주격으로 되고, 한정어 лесника는 생격으로 된다. 이것은 비일치 한정어다.

◆◆◆

한정어의 표현

A. 일치 한정어는 형용사, 형동사, 수사, 대명사로 표현된다.

Тёмные тучи закрыли небо.
'어두운 먹구름이 하늘을 덮었다.'

Над **потемневшими** полями гремели раскаты грома.
'어두워진 들판의 상공에 우뢰소리가 울려퍼졌다.'

Я с тремя друзьями поспешил домой.
'나는 세 명의 친구들과 집으로 서둘러갔다.'

Не успели мы добежать до **нашего** дома, как полил проливной дождь.
'우리는 호우가 내리기 시작했을 때 우리 집까지 도달하지 못했다.'

B. 비일치 한정어를 표현하기 위하여 다음의 것들이 사용된다.

1) 전치사가 없는 생격 명사와 전치사를 가진 사격명사:

Дверь **в коридор** была открыта.
'복도로 나 있는 문이 열려 있었다.'

Все собрались в комнате **брата**.
'모두 형의 방에 모였다.'

Я был на концерте **песни**.
'나는 노래 음악회에 갔었다.'

Нам понравилось выступление **певицы**.
'우리는 여가수의 공연이 마음에 들었다.'

Путешественники ночевали в лесу в шалаше **из веток**.
'여행객들은 숲속에 있는 나무가지로 만든 막사에서 밤을 지새웠다.'

Мы катались на лодке **с парусом**.
'우리는 돛단배를 타고 갔다.'

2) 3인칭 소유 대명사 его, её, их:

Все собрались в **его** комнате.
'모두 그의 방에 모였다.'

Нам понравилось **её** выступление.
'우리는 그녀의 공연이 마음에 들었다.'

3) 비교급 형용사:

Среди нас не было человека **веселее его**.
'우리들 가운데 그보다 더 명랑한 사람은 없었다.'

Принеси мне книгу **поинтереснее**.
'좀 더 재미있는 책을 나에게 가져다 주세요.'

4) 부사:

Аптека находится в доме **напротив**.
'약국은 맞은 편 집에 있다.'

Меня утомила езда **верхом**.
'말을 타고 가는 것이 나를 피곤하게 했다.'

5) 동사원형:

Наша попытка **подняться** на крутую гору увенчалась успехом.
'가파른 산으로 올라가려는 우리의 시도는 성공했다.'

Он не выполнил своего обещания **приехать** к нам летом.
'그는 여름에 우리에게 오겠다는 자신의 약속을 이행하지 않았다.'

6) 생격명사와 형용사 또는 수사의 결합

Вошёл человек **высокого роста**.
'키가 큰 사람이 들어왔다.'

Здесь занимаются студенты **второго курса**.
'여기에는 대학교 2학년 학생들이 공부하고 있다.'

У него есть брат **двенадцати лет**.
'그는 12살 난 동생이 있다.'

연습문제 44 고리끼의 «어머니»에서 발췌한 문장을 읽고 일치 한정어와 비일치 한정어를 가리키시오.

1. В кухню вошла девушка небольшого роста, с простым лицом крестьянки и толстой косой светлых волос.
2. Наташа глубоко вздохнула, забросила косу за плечо и начала читать книгу в жёлтой обложке, с картинками.
3. Мать ... наливала чай и вслушивалась в плавную речь девушки.
4. Ей нравилось лицо Наташи, внимательно наблюдавшей за всеми.
5. События последних дней сильно утомили её.
6. Мать посмотрела на сына — он стоял у двери в комнату и улыбался.
7. Ей нравилось говорить с людьми, нравилось слушать их рассказы о жизни.

연습문제 45 비일치 한정어를 일치 한정어로 바꾸시오.

1. Однажды в наш город приехали артисты *из Москвы.*
2. Шум *с улицы* мешал нам работать.
3. Здесь продаются билеты *в театр.*
4. Ученик делал упражнения *по грамматике.*
5. На столе стояла ваза *из стекла.*
6. В углу стоял шкаф *для книг.*
7. На девушке было голубое платье *из шёлка.*
8. Семья переехала в новую квартиру *из двух комнат.*

연습문제 46 일치 한정어를 비일치 한정어로 바꾸시오.

1. Учитель проверял *ученические* тетради.
2. Все лето я провёл в *отцовском* доме.
3. В детстве я любил слушать *бабушкины* сказки.
4. В глубине леса мы нашли *медвежью* берлогу.
5. *Студенческое* собрание кончилось.
6. Во дворе слышались *детские* крики и смех.
7. С реки доносились *пароходные* гудки.
8. Туман скрыл *горные* вершины.
9. Туча приближалась, уже слышались *громовые* раскаты.
10. По крыше застучали *дождевые* капли.
11. *Северная* природа сурова и прекрасна.

연습문제 47 동사원형으로 표현된 한정어와 이 한정어와 관련된 명사를 지적하시오.

1. Желание плавать по реке быстрее её течения привело к изобретению весла и паруса (*М.Г.*).
2. Уже в глубокой древности люди мечтали о возможности летать по воздуху (*М.Г.*).
3. Привычка странствовать по картам и видеть в своём воображении разные места помогает увидеть из в действительности (*Пауст.*).
4. Первое время своего приезда Николай был серьёзен и даже скучен. Его мучила предстоящая необходимость вмешаться в дела хозяйства, для которых мать вызвала его (*Л.Т.*).

◆◆

동격어

명사로 표현되고 피한정어와 격이 일치되는 한정어를 동격어(приложение)라고 한다. 동격어는 그에게 다른 명칭을 부여하면서 대상을 한정한다.

Мы читаем рассказы о **героях**-лётчиках.
'우리는 영웅적인 비행사의 이야기를 읽는다.'

Недалеко есть телефон-**автомат**.
'멀지 않은 곳에 공중전화가 있다.'

Инженер Петров ещё не пришёл.
'기사 뻬뜨로프씨는 아직 도착하지 않았다.'

На нашем пути была река **Дон**.
'우리의 여정에 돈 강이 있었다.'

만약 동격어가 신문, 잡지, 문학작품, 공장, 증기기선 등의 명칭이라면, 그것은 꺽쇄(кавычки)로 묶고 항상 주격으로 놓인다.

Он читает газету «***Правда***».
'그는 신문 «쁘라브다»를 읽는다.'

В первом номере журнала «***Новый мир***» есть хорошие стихи.
'잡지 «노브이 미르»의 첫 호에 좋은 시들이 실려 있다.'

Мы читаем отрывки из романа «***Война и мир***».
'우리는 소설 «전쟁과 평화»의 발췌문을 읽는다.'

만약 동격어와 그것에 의하여 한정되는 단어가 보통명사들이라면, 그 명사들은 짧은 이음선으로 결합된다:

герои-лётчики '영웅적인 비행사', телофон-автомат '공중 전화', изба-читальня '농촌 독서실'

만약 고유명사가 보통명사 다름에 있으면 짧은 이음선이 사용되지 않는다:

река Москва '모스끄바 강', река Волга '볼가 강', город Санк-Петербург '상뜨-뻬쩨르부르그 시'

연습문제 48 주어진 어결합을 가지고 문장을 만드시오.

1. колхоз «Новый путь»
2. старик-сторож
3. поэт-революционер
4. город-герой
5. роман Горького «Мать»
6. город Санк-Петербург
7. журнал «Вопросы философии»
8. река Волга
9. опера «Евгений Онегин»
10. композитор Чайковский
11. рабочий-новатор
12. женщина-врач

◆◆

상황어

◆◆◆

장소의 상황어

장소의 상황어는 где? куда? откуда?의 질문에 대답한다.
장소의 상황어는 장소 부사나 일반적으로 전치사를 수반한 사격 명사로 표현된다.

(Куда мы шли?
'우리는 어디로 갔느냐?')

Мы шли **вперёд**.
'우리는 앞으로 나아갔다.'

(Где зеленела молодая листва?
'어디에 어린 녹색 나뭇잎으로 덮혀 있었느냐?')

Молодая листва зеленела **повсюду**.
'어린 녹색 나뭇잎은 도처에 덮혀 있었다.'

(Откуда доносились голоса птиц?
'어디서부터 새 소리가 들여왔느냐?')

Голоса птиц доносились **отовсюду**.
'새 소리는 양 사방에서부터 들려왔다.'

(Где виднелась река?
'어디서 강이 보였나?')

Река виднелась **впереди**.
'강은 앞에서 보였다.'

(Где было поле?
'들판은 어디에 있었나?')

Поле было **за рекой**.
'들판은 강 너머에 있었다.'

(Куда вышли крестьяне работать?
'농민들은 어디로 일하러 나갔느냐?')

Крестьяне вышли работать **в поле**.
'농민들은 들판으로 일하러 나갔다.'

(Откуда вы приехали?
'당신은 어디서 왔느냐?')

Я приехал **из Владивостока**.
'나는 블라지보스또크에서 왔다.'

질문	전치사	격	예문
где?	близ, возле около, у	생격	Дом находился **около (близ, возле, у) станции**. '집은 역 부근에 있었다.'
	вокруг	생격	Дети бегали **вокруг ёлки**. '아이들은 전나무 주위를 뛰어 다녔다.'
	вдоль	생격	**Вдоль улицы** были посажены деревья. '거리를 따라 나무가 심겨 있었다.'
	среди	생격	Домик лесники стоял **среди леса**. '산직이의 오두막은 숲 속에 있었다.'
	против	생격	**Против окна** росло высокое дерево. '창문 맞은 편에 큰 나무가 자라고 있었다.'

	за, под	조격	**За рекой** расстилается поле. '강 너머에 들판이 펼쳐 있었다.' Мы отдыхали **под деревом**. '우리는 나무 아래에서 쉬고 있었다.'
	перед, над	조격	**Перед окном** росло высокое дерево. '창 앞에 키가 큰 나무가 자라 있었다.' Самолёт летит над лесом. '비행기가 숲 위에서 비행하고 있다.'
	между	조격	**Между деревьями** стоит скамейка. '나무 사이에 벤치가 있다.'
	в, на	전치격	Мы гуляли **в саду**. '우리는 정원에서 산책하였다.' Мы сидим **на берегу**. '우리는 기슭에 앉아 있다.'
	при	전치격	**При школе** есть сад. '학교에 정원이 딸려있다.'
	по	여격	Мы ходили **по коридору** и разговаривали. '우리는 복도를 따라 걸으면서 이야기를 나누었다.'
куда?	к	여격	Лодка плывёт **к берегу**. '보트는 기슭으로 가고 있다.'
	за, под	대격	Самовар поставили **за стол**. '사모바르를 테이블 너머에 놓았다.' Чемодан поставил **за стол**. '트렁크를 테이블 너머에 놓았다.'
		대격	Мы вышли **в сад**. '우리는 정원으로 나갔다.' Мы пришли **на берег**. '우리는 기슭에 도착했다.'
откуда?	из, с	생격	Автомобиль выехал **из гаража**. '자동차는 차고에서 나왔다.' Брат пришёл **с собрания**. '형제는 집회에서 돌아왔다.'
	от	생격	Лодка отплыла **от берега**. '보트는 기슭에서 멀어지고 있었다.'

	из-за, из-под	생격	Солнце показалось **из-за туч**. '태양은 비구름 뒤에서 모습을 나타내었다.' Змея выползла **из-под камня**. '뱀이 돌밑에서 기어 나왔다.'

연습문제 49 전치사의 상관성에 유의하시오. 주어진 예들을 가지고 문장을 만드시오.

보기: Пароход тридцать минут стоял у пристани. Пароход причалил к пристани в два часа. Пароход отчалил от пристани в два часа тридцать минут.

где?	**куда?**	**откуда?**
в городе на улице у берега за шкафом под столом	в город на улицу к берегу за шкаф под стол	из города с улицы от берега из-за шкафа из-под стола

연습문제 50 다음 문장을 읽고 장소의 상황어를 찾고, 이들이 어떻게 표현되어 있는지 설명하시오.

Всё было тихо кругом; со стороны дома не приносилось никакого звука. Он (Лаврецкий) осторожно прошёл вперед. Вот, на повороте аллеи, весь дом вдруг глянул на него своим тёмным фасом; в двух только окнах наверху мерцал свет; внизу дверь на балкон широко зевала, раскрытая настежь. Лаврецкий сел на деревянную скамейку, подпёрся рукою и стал глядеть на эту дверь да на окно Лизы. В городе пробило полночь; в доме маленькие часики тонко прозвенели двенадцать. Лаврецкий ничего не думал, ничего не ждал; ему приятно было чувствовать себя вблизи Лизы, сидеть в её саду на скамейке, где и она сидела не однажды... (*Тург.*).

연습문제 51 앞 쪽에 있는 장소 상황어를 가지고 8~10개의 문장을 만드시오.

◆◆◆

시간의 상황어

시간의 상황어는 когда? (Собрание будет **завтра**.'모임은 내일 있을 것이다.'); как долго? 또는 сколько времени? (Я был на море **всё лето**. '나는 여름 내내 바다에 있었다.'); как часто? (Он занимается гимнастикой **раз в неделю**. '그는 일주일에 한번씩 체조를 한다.'); с каких пор? (Я работаю в институте **с сентября**. '나는 9월부터 연구소에서 일한다.'); до каких пор? (Полевые работы будут продолжаться **до ноября**. '밭일은 11월까지 계속될 것이다.'); за какой срок? 또는 за какое время? (Я прочитаю эту книгу **за два дня**. '나는 이 책을 이틀동안 다 읽었다.'); на какой срок? 또는 на какое время? (Мне дали книгу **на неделю**.'나에게 일주일 동안 책을 주었다.') 등의 질문에 대답한다.

1. 시간 부사

(Когда приехал брат?
'형은 언제 도착했나?')

Брат приехал **вчера**.
'형은 어제 도착했다.'

(Как часто приезжает брат?
'형이 얼마나 자주 오나?')

Он приезжает **редко**.
'그는 가끔 온다.'

(На сколько времени он приехал?
'그는 얼마동안 있을 예정으로 왔나?')

Он приехал **надолго**.
'그는 오랫동안 있을 예정으로 왔다.'

(Сколько времени мы беседовали?
'우리는 얼마동안 이야기했나?')

Мы беседовали **долго**.
'우리는 오랫동안 이야기했다.'

2. 전치사가 없이 사용되는 명사는 종종 대명사 весь, целый, каждый 그리고 수사와 결합하여 사용된다.

(Сколько времени студенты готовились к экзамену?
'대학생들은 시험 준비를 얼마동안 했나?')

Студенты готовились к экзамену **неделю**.
'대학생들은 시험준비를 일주일동안 했다.'

(Сколько времени мы сегодня занимались?
'우리는 오늘 얼마동안 공부했나?')

Мы занимались **весь день**.
'우리는 하루 종일 공부했다.'

(Когда (какого числа) начинаются занятия?
'수업은 언제 시작되나?')

Занятия начинаются **первого сентября**.
'수업은 9월 1일부터 시작된다.'

(Как часто бывает семинар?
'세미나는 자주 열리나?')

Семинар бывает **каждую неделю**.
'세미나는 매주 열린다.'

3. 전치사와 함께 사용하는 명사

(Когда ты уезжаешь?
'너는 언제 떠날꺼야?')

Я уезжаю **в июле**.
'나는 7월에 떠날꺼다.'

(На сколько времени ты дашь мне книгу?
'너는 나에게 얼마동안 책을 빌려줄 수 있나?')

Я дам тебе книгу **на два дня**.
'나는 너에게 이틀동안 책을 빌려줄 수 있다.'

(За сколько времени ты прочитал эту книгу?
'너는 얼마만에 이 책을 다 읽었나?')

Я прочитал эту книгу **за один вечер**.
'나는 하루 저녁에 이 책을 다 읽었다.'

4. 부동사와 부동사 구문

(Когда он вас навещает?
'언제 그는 당신을 방문하느냐?')

Он всегда навещает нас, **приезжая в Москву**.
'모스크바에 오면 그는 항상 우리를 방문한다.'

(Когда он получил письма?
'그는 언제 편지를 받았느냐?')

Он получил письма, **придя домой**.
'집에 도착한 후에 그는 편지를 받았다.'

연습문제 52 다음 문장을 읽고 시간의 상황어를 찾고, 이들이 어떻게 표현되어 있는지 가리키시오.

1. Лыжники двинулись в путь ещё на рассвете (*Аж.*).
2. Дойдя до мостика, он остановился и задумался (*Чех.*).
3. Не хочется уезжать в такую хорошую погоду! (*Чех.*).
4. Минуты две они молчали (*П.*).
5. С восходом солнца мы тронулись в путь (*Арс.*).
6. Выйдя из машины, Таня почувствовала крайнюю усталость (*Аж.*).

7. Тут и в летний зной стояла прохлада (*Тург.*).
8. На седьмой день пути Таня Васильченко подошла на лыжах к Новинску (*Аж.*).
9. За год работы в районе Мартынов знал уже всех бригадиров тракторных отрядов и многих трактористов (*Овеч.*).
10. Теперь мы виделись уже часто, раза по два в день (*Чех.*).
11. Весь май шли дожди, было холодно (*Чех.*).

◆◆◆

시간의 상황어를 표현하기 위한 전치사의 사용

질문	전치사	격	예문
Когда?	**до**	생격	до роволюции, до войны, до обеда, до занятий;
	после		после революции, после войны, после обеда, после занятий;
	аканун		накануне выборов, накануне съезда, накануне праздника;
	среди		проснуться среди ночи
С каких пор? С какого времени?	**с**		с девяти часов, с утра, с понедельника, с сентября, с 2012 года, с детства;
До каких пор? До какого времени?	**до**		до десяти часов, до вечера, до субботы, до января, до 2002 года
Когда?	**к** **по**	여격	пришёл к вечеру, к ужину, проснулся к утру работаю по утрам, по вечерам, занимаюсь по целым дням
К какому сроку? К какому времени?	**к**		закончу работу к пятнице, приду к десяти часам

Когда?	**в**	대격	в два часа, в понедельник, в опасный момент, в трудную минуту, в переходный период, в весеннюю пору, в эту зиму, в эту ночь, в войну, в плохую погоду, в дождь;
	на		на другой день, на следующий день, на третий день, на будущий год;
	через		вернуться через 5 минут, через два дня, через неделю, через месяц, через год, прийти через десять минут после звонка;
	за (до)		прийти за пять минут до звонка, приехать за неделю до начала занятий;
	под		вернуться под вечер, проснуться под утро, встретиться под воскресенье, под праздник, под Новый год
В какой срок?	**в**	대격	приготовить в одну минуту, в один момент, собраться в полчаса, прочитать книгу в один вечер;
За какой срок?	**за**		собраться за полчаса, прочитать книгу за один вечер, построить дом за год, выполнить задание за месяц;
На какой срок?	**на**		уехать на неделю, выйти на минуту, дать книгу на один вечер;
По какой срок?	**по**		получить отпуск по 5 сентября включительно
Когда?	**перед**	조격	перед выборами, перед войной, перед праздником, перед обедом, перед лекцией;
	между		между лекциями, между лекцией и семинаром, между двумя и пятью часами;
	за		читать газету за завтраком, беседовать за чаем, за обедом, за ужином;

	с		просыпаться с зарёй, с восходом солнца
Когда?	**в** **на** **по** **при**	전치격	в январе, в 2012 году, в девятнадцатом веке, в детстве, в юности, в молодости, в старости, в начале января, в середине июня, в конце мая; на этой неделе, на прошлой неделе, на заре, на рассвете, на закате; по приезде, по возвращении, по окончании; при феодализме, при капитализме, при Петре I, при наступлении, при переходе через улицу

연습문제 53 괄호 안의 단어를 사용하여 전치사 в 또는 на를 가진 대격 또는 전치격 형태로 답하시오.

1. Когда вы были на концерте? (*пятница*).
2. Когда вы пошли в театр? (*следующий день*).
3. Когда придёт брат? (*конец недели*).
4. Когда экспедиция отправилась в Среднюю Азию? (*июль*).
5. Когда экспедиция вернулась? (*середина сентября*).
6. Когда колхозники вышли на работу? (*заря*).
7. Когда царствовал Иван Грозный? (*XVI век*).
8. Когда был построен город Магнитогорск? (*период первой пятилетки*).
9. Когда родился и умер Ломоносов? (*1711—1765 гг.*).
10. Когда вышел из печати первый номер «Правды»? (*май 1912 г.*).
11. Когда он помогал тебе? (*трудная минута*).
12. Когда в нашем клубе был концерт? (*прошлая неделя*).
13. Когда он много путешествовал? (*молодость*).
14. Когда работали строители? (*любая погода*).
15. Когда в поле выехали тракторы? (*рассвет*).

◆◆◆

행위양태의 상황어

행위양태의 상황어는 보통 как? каким образом?의 질문에 대답한다. 행위양태를 표현하기 위하여 보통 다음의 것들이 사용된다:

1. 행위양태 부사:

(Как я выучил стихотворение?
'나는 시를 어떻게 배웠나?')

Я выучил стихотворение **наизусть**.
'나는 시를 다 외울정도로 배웠다.'

(Как светит солнце?
'태양이 어떻게 빛나나?')

Солнце светит **ярко**.
'태양은 밝게 빛난다.'

(Как он был одет?
'그는 어떤 복장으로 입었나?')

Он был одет **по-дорожному**.
'그는 여행복장으로 입었다.'

2. 행위양태의 상황어의 역할을 하는 명사들은 일반적으로 전치사가 없는 조격으로 되든지 아니면 전치사 с를 가진 조격으로 된다.

(Как рассказать текст?
'텍스트를 어떤 식으로 말해야 하나요?')

Расскажите текст **своими словами**.
'텍스트를 자신의 말로 말하세요.'

(Как мчалась лодка?
'배는 어떻게 질주하였나?')

Лодка мчалась **стрелой** (как стрела).
'배는 쏜살같이 질주하였다.'

(Как вилась тропинка?
'오솔길이 어떻게 구부러져 있었나?')

Тропинка вилась **узкой лентой** (как узкая лента).
'오솔길은 좁은 리본같이 구부러져 있었다.'

(Как ученик решил задачу?
'학생은 과제를 어떻게 해결했나?')

Ученик решил задачу **с трудом**.
'학생은 과제를 어렵게 해결했다.'

(Как он написал упражнение?
'그는 연습문제를 어떻게 풀었나?')

Он написал упражнение **с ошибками**.
'그는 연습문제를 푸는데 많이 실수했다.'

전치사 с를 가진 명사의 의미와 반대되는 의미를 표현하기 위해서는 전치사 без를 가진 명사가 행위양태의 기능으로 사용된다:

(Как ученик решил задачу?
'학생은 과제를 어떻게 해결했나?')

Ученик решил задачу **без труда**.
'학생은 과제를 어렵지 않게 해결했다.'

(Как он написал упражнение?
'그는 연습문제를 어떻게 풀었나?')

Он написал упражнение **без ошибок**.
'그는 연습문제를 실수하지 않고 풀었다.'

3. 부동사:

(Как шёл дождь?
'비가 어떻게 내렸나?')

Дождь шёл **не переставая** (또는 беспрестанно, непрерывно).
'비는 쉴새없이 내렸다.'

(Как он говорил?
'그는 어떻게 말했나?')

Он говорил **волнуясь** (с волнением).
'그는 흥분하여 말했다.'

연습문제 54 행위양태의 상황어에 밑줄을 치고 이들이 어떻게 표현되어 있는지 설명하시오.

1. Волны с шумом бились о берег и с пеной разбегались по песку (*Арс.*).
2. Уж за рекой, дымясь, пылал огонь рыбачий (*П.*).
3. Грозно волны о берег бились (*М.Г.*).
4. Ветер со свистом понёсся по степи (*Чех.*).
5. Время ... летит иногда птицей, иногда ползёт червяком (*Тург.*).
6. Галки, воробьи и голуби по-весеннему радостно готовили уже гнёзда (*Л.Т.*).
7. Ослепительной змейкой блеснула молния, над самой головой оглушительными раскатами прокатился гром (*М.Г.*).
8. В окно, весело играя, заглядывал юный солнечный луч (*М.Г.*).
9. Мы тихонько стали продвигаться наискось против течения (*Л.*).
10. Дальнейшее путешествие наше прошло без всяких приключений (*Арс.*).
11. Мороз серебром лежал на бледной зелени травы (*Л.Т.*).
12. Она быстрыми, лёгкими шагами пошла на лестницу (*Л.Т.*).

◆◆◆

목적의 상황어

목적의 상황어는 зачем? с какой целью? для чего?의 질문에 답한다. 목적의 상황어는 다음의 것들이 사용된다:

1. 전치사 для 또는 на를 가진 명사:

(С какой целью, для чего мы остановились?
'우리는 어떤 목적으로, 무엇 때문에 멈추었느냐?')

Мы остановились **для отдыха**.
'우리는 쉬려고 멈추었다.'

2. 동사원형:

Мы остановились **отдохнуть**.
'우리는 쉬려고 멈추었다.'

(Зачем ты пришёл?
'너는 무슨 일로 왔느냐?')

Я пришёл **помочь** тебе.
'나는 너를 도우러 왔다.'

목적의 상황어의 역할을 하는 동사원형은 일반적으로 운동동사 다음에 사용된다:

пришёл проститься '작별인사를 하러 왔다.', **приехали** учиться '공부하러 왔다.', **зашёл** узнать '알아보려고 들렀다.', **уехал** отдыхать '쉬려고 떠났다.'

3. 목적 부사

(Зачем он открыл дверь?
'왜 그는 문을 열었나?')

Он **зачем-то** открыл дверь.
'그는 무슨 목적이 있어서 문을 열었다.'

(Зачем он это сделал?
'왜 그는 이것을 했나?')

Он сделал это **назло** мне.
'그는 나에게 악의를 품고 이것을 했다.'

연습문제 55 문장을 읽고 목적의 상황어를 찾고 이들이 어떻게 표현되어 있는지 설명하시오.

1. После обеда бабушка ушла к себе в комнату отдыхать (*Чех.*).
2. Она зажгла лампу и села к столу вязать чулок (*М.Г.*).
3. Для защиты от ветра нужно было забираться в самую чащу леса (*Арс.*).
4. Мать уехала на вокзал покупать билеты на вечерний завтрашний поезд (*Гайд.*).
5. Во двор привезли кирпич на постройку гаража.

◆◆◆

원인의 상황어

원인의 상황어는 почему? отчего? из-за? по какой причине?의 질문에 대답한다. 원인의 상황어를 표현하기 위하여 다음의 것들이 사용된다:

1. 전치사를 수반하는 명사

(Почему дети не гуляли?
'왜 아이들이 산책하지 않았나?')

Дети не гуляли **из-за дождя**.
'비가 와서 아이들은 산책하지 않았다.'

(По какой причине студент отсутствовал на занятиях?
'무슨 이유로 대학생은 수업에 결석했나?')

Студент отсутствовал **по болезни**.
'대학생은 아파서 결석했다.'

2. 원인의 부사

(Почему дети не гуляли?
'왜 아이들은 산책하지 않았나?')

Весь день шёл дождь, **поэтому** дети не гуляли.
'온 종일 비가 내렸고, 이 때문에 아이들은 산책하지 않았다.'

(Почему он не пришёл?
'왜 그는 오지 않았나?')

Он **почему-то** не пришёл.
'그는 무슨 이유인지 오지 않았다.'

3. 부동사

(Почему он оставил записку?
'왜 그는 메모를 남겨두었나?')

Не застав тебя дома, он оставил записку.
'너를 집에서 만날 수 없었기 때문에 그는 메모를 남겨두었다.'

(Почему он вынужден был прервать работу?
'왜 그는 일을 중단하지 않으면 안 되었나?')

Он вынужден был прервать работу, **переутомившись**.
'그는 과로로 지쳤기 때문에 일을 중단하지 않으면 안 되었다.'

■ [주1] 전치사 **из-за**와 **благодаря**는 여러 가지 뉴앙스를 가진다. 전치사 **из-за**를 수반하는 명사로 표현된 원인은 원하지 않는 결과를 일으키고, 전치사 **благодаря**를 수반하는 명사로 표현된 원인은 긍정적인 결과를 일으킨다: Уборка урожая не начиналась **из-за дождей**. '작물의 수확은 비 때문에 시작되지 않았다.' **Благодаря дождям** будет хороший урожай. '비 덕분에 풍작이 예상된다.'

■ [주2] 원인의 의미로 사용된 전치사 **от**는 일반적으로 사물의 상태에 대여 언급할 때 사용된다: дрожать от холода, от страха '추위로, 두려움으로 떨다', покраснеть от волнения, от стыда '흥분해서, 부끄러워서 얼굴을 붉히다', смеяться от радости '기뻐서 웃다', плакать от горя '슬퍼서 울다' 또는 파멸이나 죽음의 원인에 대하여 언급할 때 사용된다: погибнуть от бомбы, от пожара '폭탄으로, 화재로 죽다'.

■ [주3] 전치사 **с**는 전치사 от와 의미가 유사하다. (заплакать от горя '슬퍼서 울기 시작하다' 그리고 заплакать с горя '슬퍼서 울기 시작하다'), 그러나 전치사 с는 몇몇 명사하고만 사용된다: умирать с голоду '굶어 죽다', устать с непривычки '익숙치 못해서 지치다', заняться чём-нибудь со скуки '지루해서 무엇에 종사하다'.

■ [주4] 전치사 **по**는 일반적으로 인간의 특성에 따른 원인을 가리킬 때 사용된다. (по глупости '우둔해서', по рассеянности '산만해서', по неопытности '미숙해서', по доброте '선량해서', по небрежности '태만해서').

■ [주5] 전치사 **из**는 일반적으로 행위자의 감정이나 경향에 내포되어 있고 행위자에게 행동을 촉구하는 원인을 지시하기 위하여 사용된다. помогать из сочувствия '동정심으로 돕다', отказаться из гордости '오만해서 거절하다', скрыть что-либо из страха '두려워서 무언가를 숨기다', совершить подвиг из любви к Родине '조국에 대한 사랑에서 공적을 세우다'.

연습문제 56 문장을 읽고 원인의 상황어를 지적하시오.

1. Из-за какой-то беды поезд два часа простоял на полустанке и пришёл в Москву только в три с половиной (*Гайд.*).
2. Лицо его стало грустным от переживаемых воспоминаний (*Арс.*).
3. По ошибке я сел не на тот поезд (*Пауст.*).
4. Из-за такого холода приходится день и ночь топить печи (*Аж.*).
5. В спальне было душно от запаха цветов (*М.Г.*).
6. Я сильно тосковал и от тоски не мог даже читать (*Чех.*).
7. Меня в армию не взяли из-за сильной близорукости (*Пауст.*).
8. В темноте ничего нельзя было разобрать; однако я из осторожности обошёл, будто гуляя, вокруг дома (*Л.*).
9. Я многому учился по вашим книгам. Не думайте, что я сказал это из любезности (*М.Г.*).

◆◆◆

원인의 상황어를 표현하기 위한 전치사의 사용

전치사	격	예
из-за	생격	Дети вчера не гуляли **из-за плохой погоды, из-за дождя. Из-за тебя** я опоздал. Они поссорились из-за пустяков. **Из-за твоего опоздания** мы не успеем закончить работу в срок.
благодаря	여격	**Благодаря теплу и дождям** всходы в этом году были ранние. **Благодаря твоей помощи** я уже закончил работу.
от		Ребёнок запрыгал **от радости**. Все вздрогнули **от неожиданности**. Путешественники дрожали **от холода**. Он ни слова не мог сказать **от удивления, от волнения**. Голова болит **от духоты**. Урожай погиб **от засухи**. Раненый побледнел **от боли**. Трава была мокрая **от дождя**. Лица путешественников стали серыми **от пыли**.
с (со)		**С похвал** вскружилась голова. Пропал голос **со страха**.
по		Он не заметил нас **по рассеянности**. Ученик допустил ошибку **по небрежности**. Она сделала много ошибок по неопытности. Студент отсутствовал **по болезни, по уважительной причине**. Я делаю это **по обязанности**. Мы опоздали **по твоей вине**.
из		**Из гордости** он отказался от помощи. **Из скромности** он никогда не говорит о своих заслугах. **Из вежливости** я выслушал всё до конца. Я спросил об этом только **из любопытства**. Он не согласился **из принципа**.

연습문제 57 빈 곳에 괄호 안의 단어를 이용하여 원인을 나타내는 단어를 만들어 넣으시오. 필요하면 전치사를 사용하시오.

1. Дети не пошли в школу _____ (*сильный мороз*).
2. Враг был разбит _____ (*мужество и стойкость бойцов*).
3. Крыши, тротуары и мостовые были мокры _____ и блестели (*дождь*).
4. Мальчик спрашивал обо всём _____ (*любопытство*).
5. Уборка урожая задерживалась _____ (*плохая погода*).
6. Он долго ничего не мог сказать _____ (*волнение*).
7. Работа пошла хорошо _____ (*умелое руководство*).
8. Я не могу заниматься здесь _____ (*шум*).
9. _____ у меня болит голова (*шум*).
10. Мы опоздали на вокзал _____ (*твоя вина*).
11. Почти весь урожай погиб _____ (*засуха*).
12. Ученик сделал ошибки _____ (*небрежность*).
13. Она не хотела признать свои ошибки _____ (*упрямство*).
14. _____ мы занялись в деревне рыбной ловлей (*скука*).
15. Поезд опоздал _____ (*метель*).
16. Он взял чужой портфель _____ (*рассеянность*).

◆◆

능동문과 수동문

주어가 행위자나 대상을 표시하고 보어가 행위를 이행하는 대상을 표시하는 그런 문장을 능동문이라 한다.

Ученик выполняет задание.
'학생은 과제를 수행한다.'

Собрание решило важный вопрос.
'회의는 중요한 문제를 해결했다.'

능동문 술어는 타동사에 의하여 표현된다. 주어가 행위를 이행하는 대상을 표시하고, 보어는 행위자나 대상을 표시하고 그리고 전치사를 수반하지 않는 조격으로 되는 그런 문장을 수동문이라 한다:

Задание выполняется учеником.
'과제는 학생에 의하여 수행된다.'

Важный вопрос решён собранием.
'중요한 문제가 회의에 의하여 해결되었다.'

수동문 술어는 소사 **-ся**를 가진 동사나 피동형동사 단어미에 의하여 표현된다.

2. 능동문은 수동문으로 교체될 수 있고 이와 반대로도 된다.

능동문	수동문
Этот завод производит станки. '이 공장은 선반을 제조한다.'	Станки производятся этим заводом. '선반은 이 공장에 의하여 제조된다.'
Преподаватель проверяет письменные работы. '교수는 레포트를 검사한다.'	Письменные работы проверяются преподавателем. '레포트는 교수에 의하여 검사된다.'
Архитектор создал проект здания. '건축가는 건물 설계도를 만들었다.'	Проект здания создан архитектором. '건물 설계도는 건축가에 의하여 만들어졌다.'
Завод выполнил план. '공장은 계획을 수행하였다.'	План выполнен заводом. '계획은 공장에 의하여 수행되었다.'

능동문을 수동문으로 교체할 때 직접보어는 주어로 되고, 주어는 조격 보어로 된다.
능동문에서 술어가 불완료상 동사로 표현되면, 수동문에서 술어는 **-ся**를 가진 동사로 된다. 그리고 능동문에서 술어가 완료상 동사로 표현되면, 수동문에서 술어는 피동형동사 단어미로 된다:

Проект здания создан архитектором.
'건물 설계도는 건축가에 의하여 만들어졌다.'

План **выполнен** заводом.
'계획은 공장에 의하여 수행되었다.'

수동문에서 소사 **-ся**를 가진 완료상 동사의 사용은 몇몇 경우를 제외하고 불가능하다:

Комната **осветилась** ярким светом.
'방은 밝은 빛으로 비추어졌다.'

Поля **покрылись** снегом.
'초지가 눈으로 덮혀졌다.'

그런 문장에서는 일반적으로 인간의 의지와 관계없는 행위나 상황에 관하여 말한다. 그리고 한 상황에서 다른 상황으로 이동되는 것에 관하여 말한다.

비교하시오.

Поля **покрылись** снегом. '들판이 눈으로 덮혀졌다.'	Поля **покрыты** снегом. '들판은 눈으로 덮혀져 있다.'

3. 수동문은 행위자나 대상을 표시하는 조격 보어를 가지지 않을 수도 있다:

В этом магазине продаётся обувь.
'이 상점에서는 신발이 판매된다.'

Книга в библиотеке выдаются с 10 часов.
'도서관의 책은 10시부터 대출된다.'

Дверь открыта.
'문은 열려 있다.'

Комната убрана.
'방은 치워져 있다.'

이 문장을 능동구문으로 변경시킬 때 불확정 인칭문으로 된다.

Книги в библиотеке выдают с 10 часов.
'도서관의 책은 10시부터 대출해 준다.'

Комнату убрали.
'방을 치웠다.'

행위자를 표시하는 조격 보어를 가진 수동문은 회화체에서 드물게 사용된다. 이들은 일상 문체에서 특징적이다:

Работа будет закончена мною к первому декабря.
'일은 12월 1일경에 나에 의하여 끝나게 될 것이다.'

Этот текст легко понимается студентами первого курса.
'이 텍스트는 일학년 학생들에 의해서 쉽게 이해된다.'

조격 보어가 없는 수동문은 어떤 문체에서도 널리 사용된다:

В этом киоске продаются папиросы.
'이 상점에서는 담배가 판매된다.'

Все билеты проданы.
'모든 표가 팔렸다.'

Это место занято.
'이 자리는 임자가 있다.' 등

연습문제 58 능동태를 수동태로 바꾸시오. 시제와 능동태로 된 동사의 상에 주의를 기울이시오.

1. Собрание обсуждало важные вопросы.
2. Студенты сдали последний экзамен.
3. Он закончит работу в срок.
4. Рабочие и инженеры изучают и используют передовой опыт.
5. На семинаре мы будем слушать и обсуждать доклады всех студентов.
6. Киностудия выпустила новый фильм.
7. Завтра трактор вспашет это поле.
8. Профессор читает лекции два раза в неделю.
9. Он принёс эту книгу для тебя.
10. Рабочие изо дня в день перевыполняли нормы.
11. Ученики поняли объяснение учителя.
12. Театр будет ставить эту новую пьесу.
13. По радио передавали последние известия.
14. Его, наверное, изберут в комитет.
15. Это известие очень меня обрадовало.
16. Он оставил эту книгу для себя.
17. Этот большой дом построили недавно.
18. Когда здесь построят плотину, этот район затопит вода.

연습문제 59 수동태를 능동태로 바꾸시오.

1. Небо покрыто тучами.
2. Луга залиты водой.
3. В киоске продаются газеты и журналы.
4. Этот друг избран делегатом на конференцию.

5. Выставка скоро будет открыта.
6. Дом разрушен бомбой.
7. На этом заводе производятся машины.
8. Этому важному вопросу уделялось мало внимания.

문장의 동위성분

문장의 어떤 다른 성분에 동일하게 관계되는 문장 성분을 동위 성분이라고 한다. 술어가 하나일 때 둘 또는 그 이상의 주어가 동위 성분이 될 수 있고, 주어가 하나일 때 둘 또는 그 이상의 술어가 동위 성분이 될 수 있고, 또는 동일한 단어에 동일하게 관계되는 문장의 이차 성분들도 동위성분이 될 수 있다.

1. 문장에서 하나의 술어에 둘 또는 그 이상의 주어가 있을 수 있다:

На собрание пришли **студенты и аспиранты**.
'대학생들과 대학원생들이 모임에 도착했다.'

Через несколько дней **я, бабушка и мать** ехали на пароходе (*М.Г.*).
'몇 일 후에 나와 할머니와 어머니는 배를 타고 갔다.'

2. 하나의 주어에 둘 이상의 술어가 있을 수 있다:

Студенты **слушают** и **записывают** лекцию.
'대학생들은 강의를 들으면서 필기한다.'

В парке мы **гуляли, танцевали, играли** в волейбол, **катались** на лодке.
'공원에서 우리는 산책하고, 춤을 추고, 배구를 하고, 배를 탔다.'

3. 문장에서 동일한 단어에 동일하게 관계되는 둘 이상의 이차성분이 있을 수 있고, 이들은 동일한 질문에 대답한다:

Я просматривал в читальне **газеты и журналы**.
'나는 독서실에서 신문과 잡지를 대충 훑어 보았다.'

В библиотеке имеется **техническая, художественная** и **политическая** литература.
'도서관에는 기술 서적과 예술 서적과 정치 서적이 있다.'

Мы занимаемся русским языком **в понедельник, в среду** и **в пятницу**. '우리는 월요일, 수요일, 금요일에 러시아어를 공부한다.'

연습문제 60 동종성분을 찾고 이들이 문장의 어떤 성분인지 가리키시오.

1. Мысли мои, моё имя, мои труды будут принадлежать России (*Г.*).
2. Была тёмная, осенняя, дождливая, ветреная ночь (*Л.Т.*).
3. Направо и налево чернели мрачные, таинственные пропасти (*Л.*).
4. Запах от цветущих яблонь и ночных цветов лился по всей земле (*Г.*).
5. Неподвижный пруд подул свежестью на усталого пешехода и заставил его отдохнуть на берегу (*Г.*).
6. Он рощи полюбил густые, Уединенье, тишину, И ночь, и звёзды, и луну (*П.*).

연습문제 61 이텔릭체로 된 단어들과 어울리는 동종성분을 쓰시오.

보기 : В саду цвели *яблони*.
В саду цвели *яблони*, ***вишни***, ***груши***.

1. Строятся новые *жилые дома*.
2. В этот праздничный день на *улицах* было много народу.
3. Я получаю *письма* от брата.
4. Он отвечал на вопросы *уверенно*.
5. Под крылом самолёта проплывали *леса*.
6. В парке мы катались на *лодке*.
7. В нашем клубе бывают интересные *лекции*.
8. Во время каникул мы побывали в *музее*.

◆◆

동위 술어

만약 문장에서 직접 연속적으로 이어지는 둘 또는 그 이상의 일회적인 행위에 관하여 언급하면, 동위 술어는 완료상 동사에 의하여 표현된다:

Она **села** за стол, **взяла** книгу, **открыла** её и **начала** читать.
'그녀는 테이블에 앉고 나서, 책을 집어들고, 펼친 다음에 책을 읽기 시작했다.'

직접 연속적으로 이어지는 다회적인 행위들은 불완료상 동사에 의하여 표현된다:

Она **садилась** за стол, **брала** книгу, **открывала** её и **начинала** читать.
'그녀는 테이블에 앉으면서, 책을 집어들고, 펼치면서 책을 읽기 시작하곤 했다.'

만약 문장에서 동시에 발생하는 둘 또는 그 이상의 지속적인 행위에 관하여 언급되면, 동위 술어는 불완료상 동사에 의하여 표현된다:

Она **сидела** за столом и **писала**.
'그녀는 테이블에 앉으면서 글을 쓰고 있었다.'

Мы **гуляли** и **разговаривали**.
'우리는 산책을 하면서 대화를 나누었다.'

어떤 경우에 동위 술어들 중 첫 번째 술어는 완료상 동사로 표현되고, 그 다음 술어는 불완료상 동사로 표현되는 경우가 있다. 이 경우에 첫 번째 행위는 종결적이고, 결과적인 행위이고, 두 번째 행위는 지속적인 행위일 때 일어난다.

Он уже **вернулся** домой и **отдыхал**.
'그는 이미 집에 돌아와서 쉬고 있었다.'

첫 번째 술어가 간혹 불완료상 동사에 의하여 표현되고, 두 번째 술어가 완료상 동사에 의하여 표현될 수 있다. 이 경우는 만약 첫 번째 동사가 지속적인 행위를 나타내고, 두 번째 동사는 아주 짧은 행위이거나 첫 번째 행위의 결과이면 가능하다:

Он долго **сидел** и наконец **встал**.
'그는 오랫동안 앉아 있다가 마침내 일어났다.'

Студент долго **учил** слова и наконец **выучил**.
'대학생은 오랫동안 단어를 외워서 마침내 다 외웠다.'

그런 경우에 첫 번째 술어 앞에서는 일반적으로 행위의 지속성을 지시하는 상황어가 놓이고, 두 번째 술어 앞에서는 вдруг '갑자기', наконец '마침내', в конце концов '결국', неожиданно '의외로' 등이 놓인다.

연습문제 62 술어 동사의 불완료상 동사와 완료상 동사의 사용을 설명하시오. 어떤 문장의 동사가 동시 발생 행위를 표시하고, 어떤 문장의 동사가 연속 발생 행위를 표시하는지 지적하시오.

1. Грузовик свернул в дачный посёлок и остановился перед небольшой, укрытой плющом дачей (*Гайд.*).

2. Луна уже стояла высоко над домом и освещала спящий сад, дорожки (*Чех.*).
3. Шли мы долго, часто останавливались, отдыхали и рвали цветы (*Гайд.*).
4. Я ударил вожжой по лошади, спустился в овраг, перебрался через сухой ручей, поднялся в гору и въехал в лес (*Тург.*).
5. Я даже шапку снял с головы и дышал радостно — всей грудью (*Тург.*).
6. Вода в море поднялась и затопила значительную часть берега.
7. Он остановился и с трепетом ожидал её ответа (*П.*).
8. Надя простилась и пошла к себе наверх, легла и тотчас же уснула (*Чех.*).

◆◆

문장의 동위성분에서 사용되는 접속사

동위성분의 결합에 사용되는 접속사들은 의미에 따라 세 그룹으로 나누어진다: 결합 접속사, 반의 접속사, 분리 접속사.

◆◆◆

결합 접속사 и, (и와 같은 의미로 사용된) да; не только, но и; как, так и; ни — ни

☑ 결합 접속사 **и**

Путники расположились у ручья отдыхать **и** кормить лошадей (*Чех.*).
'나그네들은 휴식을 취하고 말들에게 먹이를 주기 위하여 개울가에 자리를 잡고 앉았다.'

이 문장에서 접속사는 **и**는 두 개의 동위성분을 연결한다.

Я оделся, взял ружьё, свистнул собаку **и** пошёл вниз по речке (*Арс.*).
'나는 옷을 입고 총을 들고, 휘바람으로 개를 부른 다음 강을 따라 아래로 걸어가기 시작했다.'

이 문장에서 접속사 **и**는 마지막 동위성분 앞에 있고 열거가 끝났음을 나타낸다.

Веселы были **и** растения, **и** птицы, **и** насекомые, **и** дети (*Л.Т.*).
'식물들도, 새들도, 곤충들도 아이들도 즐거워했다.'

이 문장에서 접속사 **и**는 모든 동위 성분 앞에서 반복되고, 접속사의 반복은 열거를 강조한다.

☑ 결합 접속사 **да**

Открой окно **да** сядь ко мне (*П.*).
'창문을 열고 내 쪽으로 와서 앉으세요.'

Сосны лишь **да** ели вершинами шумели (*П.*).
'소나무들과 전나무들만이 꼭대기로 소리를 내고 있었다.'

이 결합 접속사 да는 접속사 **и**와 동일한 의미를 가지고 드물게 사용된다.

☑ 결합 접속사 **ни — ни**

У него не было ни братьев, ни сестёр.
'그는 형제들도 누이들도 없었다.'

접속사 **ни — ни**는 부정문에서 사용되고 긍정문에서 사용되는 접속사 **и**에 대응된다:

Мы нашли в лесу **и** ягоды **и** грибы.
'우리는 숲에서 딸기도 버섯도 발견했다.'

Мы не нашли в лесу **ни** ягод, **ни** грибов.
'우리는 숲에서 딸기도 버섯도 발견하지 못했다.'

☑ 결합 접속사 **не только... но и; как … так и**

Он знает **не только** английский, **но и** французский язык.
'그는 영어뿐만 아니라 프랑스어도 안다.'

Он **не только** читает, **но и** говорит по-английски.
'그는 영어로 읽을 수 있을 뿐만 아니라 말할 수도 있다.'

На собрании должны присутствовать **как** студенты, **так и** аспиранты.
'모임에서 대학생들뿐만 아니라 대학원생들도 참석해야 한다.'

◆◆◆

반의 접속사 **а, но,** (но의 의미로 사용된) **да, однако, хотя и, но**

☑ 반의 접속사 **а**

Мы приехали сюда работать, **а** не отдыхать.
'우리는 이쪽으로 쉬러 온 것이 아니라 일하러 왔다.'

접속사 а는 의미가 대조되거나 다른 두 개의 동위성분을 결합한다. 접속사 **а**에 의하여 결합되는 동위성분들 중 하나 앞에는 항상 부정사 **не**가 놓인다:

Он вернётся утром, **а не** вечером.
'그는 저녁이 아니라 아침에 돌아올 것이다.'

Мы встретились **не** в клубе, **а** в институте.
'우리는 클럽이 아니라 대학에서 만났다.'

Я получил письмо **не** от брата, **а** от отца.
'나는 형이 아니라 아버지에게서 편지를 받았다.'

☑ 반의 접속사 **но**

Низкое солнце не греет, **но** блестит ярче летнего (*Тург.*).
'낮게 드리운 태양은 따뜻하지는 않지만 여름보다 더 눈부시게 빛난다.'

Шли нам навстречу усталые, **но** весёлые люди (*Гайд.*).
'지쳐 있지만 즐거운 사람들이 우리의 맞은 편에서 걸어오고 있었다.'

Он говорит по-русски медленно, **но** правильно.
'그는 천천히, 그러나 정확하게 러시아어로 말한다.'

이 문장에서 접속사 **но**는 두 개의 동위술어, 두 개의 동위 한정어 그리고 두 개의 행위양태 상황어를 결합한다. 첫 번째 동위성분 앞에는 단어 **хотя** 또는 **хотя и**가 올 수 있다.

Все устали, но продолжали работу.

= **Хотя** все **и** устали, **но** продолжали работу.
'모두가 비록 지쳤지만 일을 계속했다.'

☑ 반의 접속사 да

Хотел я написать письмо, **да** забыл адрес.
'나는 편지를 쓰려고 하였지만 주소를 잊어 버렸다.'

반의 접속사 **да**는 **но**와 같은 의미를 가진다.
접속사 **но**의 의미로 사용된 **да**는 구어체에서 일반적으로 드물게 사용된다.

◆◆◆

분리 접속사 **или (иль), либо, то — то, не то — не то**

☑ 분리 접속사 **или (иль), либо**

Дайте мне какую-нибудь газету **или** журнал.
'신문이든 잡지든 나에게 아무거나 주세요.'

Мы встретимся **либо** сегодня вечером, **либо** завтра утром.
'우리는 오늘 저녁이든 내일 아침이든 만나게 될거다.'

접속사 **или**와 **либо**는 동의어이다. 이들은 서로를 상호 배제하는 사실들을 표시하는 둘 또는 그 이상의 동위성분을 결합할 수 있다. 이 접속사들은 비반복적일 수도 반복적일 수도 있다.

☑ 분리 접속사 **то — то**

Всю ночь огонь костра **то** разгорается, **то** гаснет (*Пауст.*).
'밤새도록 모닥불은 때로는 타오르기도 하다가 때로는 꺼지려고도 한다.'

Снаряды рвались **то** около церкви, **то** около мельницы, **то** около домиков (*Гайд.*).
'포탄들이 때로는 교회 근처에서 때로는 제분소 부근에서 때로는 조그마한 집 부근에서 작렬했다.'

이 접속사들은 동위성분들이 교체되는 현상들을 표시할 때 사용된다.

☑ 분리 접속사 **не то — не то**

Тихий стук донёсся со стороны дороги. Кто-то **не то** шёл, **не то** ехал (*Гайд.*).
'조용한 노크 소리가 길 쪽에서 들려온다. 누군가가 걸어가는 것도 아니었고, 차를 타고 가는 것도 아니었다.'

Горы были окутаны **не то** туманом, **не то** дождевой пылью (*Арс.*). '산들이 안개도 아니고 물안개도 아닌 것으로 둘러싸여져 있었다.'

접속사 **не то — не то**는 화자의 입장에서 사실들이 불명료할 때 사용된다.

연습문제 63 문장을 읽고 문장의 동종성분을 지적하고 접속사 사용에 유의하시오.

1. Радостно, молодо было и на небе, и на земле, и в сердце человека (*Л.Т.*).
2. Второго сентября день был тёплый и тихий, но пасмурный (*Чех.*).
3. За снежным туманом не видно ни поля, ни телеграфных столбов, ни леса (*Чех.*).
4. Человеку нужно не три аршина земли, не усадьба, а весь земной шар, вся природа (*Чех.*).
5. Ночью ветер злится да стучит в окно (*Фет*).
6. Однажды вечером я сидел на своей любимой скамье и глядел то на реку, то на небо, то на виноградники (*Тург.*).
7. Иногда по утрам, напившись кофе, он садился за своё сочинение или за чтение источников для сочинения (*Л.Т.*).

8. Дождь то начинал хлестать тёплыми крупными каплями, то переставал (*Л.Т.*).
9. Одинокий, точно заблудившийся в тёмной дали моря, огонь то ярко вспыхивал, то угасал (*М.Г.*).
10. Ровной синевой залито всё небо; одно лишь облачко на нём — не то плывёт, не то тает (*Тург.*).

연습문제 64 예문에서 접속사 и, а, но의 의미를 비교하고 이 접속사를 가지고 문장을 만드시오.

Я вчера работал и отдыхал.	Я вчера работал, а не отдыхал.	Я вчера мало работал, но устал.
Ветер сильный и холодный.	Ветер сильный, а не слабый.	Ветер сильный, но тёплый.
Он не преподаватель и не аспирант.	Он не преподаватель, а аспирант.	Он не преподаватель, но уже проводит занятия со студентами.

연습문제 65 두 문장을 의미상 필요한 접속사(и, а, но)를 사용하여 한 문장으로 만드시오.

보기: Он прицелился. Он выстрелил.
Он прицелился и выстрелил.

1. Дождь шёл днём. Дождь шёл ночью.
2. Дождь не прекратился. Дождь усилился.
3. Все устали. Все продолжали работать.
4. Я заходил к тебе не один раз. Я заходил к тебе два раза.
5. Переход через горы был тяжёлый. Переход через горы был интересный.
6. Я хотел спать. Я не мог заснуть. Я стал читать.
7. Друг был там. Он забыл дорогу туда.
8. Эта книга не скучная. Эта книга интересная.
9. Листья падали с деревьев. Листья покрывали землю.

10. Мы каждый день ходили в лес. Мы каждый день ходили в поле.
11. Я пришёл не к тебе. Я пришёл к твоему брату.
12. Он обещал прийти. Он не пришёл.
13. Брат работает теперь не на заводе. Брат работает теперь в колхозе.

◆◆

문장의 동위성분 사이에서 사용되는 구두점

쉼표는 문장의 동위성분 사이에서 다음의 경우에 사용된다:

1. 동위성분들이 접속사 없이 연결될 때 사용된다:

Лес зазвенел, застонал, затрещал (*Н.*).
'숲은 윙윙거리며, 신음하며, 찢어지는 소리를 내기 시작했다.'

Люди работали спокойно, споро, молчаливо (*Фад.*).
'사람들은 침착하게, 재빠르게, 묵묵히 일하고 있었다.

2. 반의 접속사 앞에서 사용된다:

День был дождливый, но тёплый.
'비 오는 날이지만 따뜻했다.'

Сегодня ветер дует не с севера, а с запада.
'오늘 바람은 북쪽이 아니라 서쪽에서 분다.'

3. 반복되는 결합 접속사와 분리 접속사 앞에서 사용된다:

И туман, и непогоды Осень поздняя несёт (*П.*).
'안개도, 나쁜 날씨도 늦가을은 떠나보낸다.'

Звёзды то мигали слабым светом, то исчезали (*Тург.*).
'별들은 때로는 약한 빛으로 깜박거리기도 했고, 때로는 사라지기도 했다.'

4. 합성 접속사의 두 번째 부분의 앞에서 사용된다:

Нужно не только говорить о недостатках, но и бороться с ними.
'부족함에 대하여 말할 뿐만 아니라 그것들과 싸워야 한다.'

단독 접속사 **и**, (и의 의미로 사용된) **да** 또는 **либо**의 앞에서는 쉼표를 치지 않는다:

Солнечные лучи освещали теперь только вершины гор и облака на небе (*Арс.*).
'태양빛은 지금 산의 정상과 하늘의 구름만을 비추고 있었다.'

По вечерам мы читали или играли в шахматы.
'저녁마다 우리는 책을 읽든지 아니면 장기를 두었다.'

연습문제 66 문장에서 쉼표를 넣으시오.

1. Избущка была маленькая но крепкая. Людей в ней не было (*Гайд.*).
2. Доктора Нину Порфирьевну знал не только весь город но и весь район (*Пауст.*).
3. Через несколько минут в комнату не вошёл а вбежал какой-то человек небольшого роста (*Кор.*).
4. В тихую лунную июльскую ночь Ольга Ивановна стояла на палубе волжского парохода и смотрела то на воду то на красивые берега (*Чех.*).
5. В доме во дворе и в саду была тишина (*Чех.*).
6. Ни одного ни санного ни человеческого ни звериного следа не было видно (*Л.Т.*).
7. На дворе быо темно. Видны были одни только силуэты деревьев да тёмные крыши сараев (*Чех.*).
8. Сутками идёт не то дождь не то снег. Под ногами ледяная каша (*Пауст.*).
9. Белая ночь простиралась вокруг. Я впервые видел эту ночь не над Невой и дворцами Ленинграда а среди северных лесистых пространства и озёр (*Пауст.*).

◆◆

동위성분을 가진 문장에서 총괄어

동위성분을 가진 문장들에서 총괄어가 올 수 있다.

Наконец **всё** было готово: альбомы с таблицами, карты, диаграммы и графики (*Аж.*).
'마침내 모든 것이 준비되었다. 도표집, 지도, 다이어그램,그래픽 등이 준비되었다.'

이 문장에서 대명사 **всё**는 총괄어다. 이것은 동위 주어를 한 그룹으로 묶고 자신은 주어로 된다.

Теперь уже ни гор, ни неба, ни земли — **ничего** не было видно (*Арс.*).
'이제는 이미 산도, 하늘도, 땅도 아무 것도 보이지 않았다.'

이 문장에서 총괄어는 대명사 ничего이다. 이것은 동위 보어를 하나로 묶고 자신은 보어로 된다. 총괄어는 이들에 의하여 총괄되는 동위성분들과 동일한 문장성분이다.

대명사 **все, всё, никто, ничто** 그리고 부사 **всюду повсюду, везде, нигде, всегда, никогда** 등이 총괄어로 쓰인다:

Передай привет **всем**: отцу, матери, братьям и сёстрам.
'모든 사람들에게, 아버지, 어머니, 형제 그리고 누이들에게 안부 전해주세요.'

Широкие равнины, богатые рудой горы, сильные реки, плодородные почвы — **всё** в наших руках (*Мих.*).
'넓은 평원, 광석이 풍부한 산, 힘찬 강, 비옥한 토양 이 모든 것이 우리의 손아귀 안에 있다.'

В лесах, на горах, у морей и у рек — **Повсюду** мы братьев найдём (*Лею.-К.*).
'숲에서, 산에서, 바닷가에서 그리고 강가에서 — 도처에서 우리는 형제들을 만날 것이다.'

만약 총괄어가 동위성분 앞에 놓이면 콜론(:)이 찍힌다:

Вдруг **всё** ожило: и леса, и пруды, и степи (*Г.*).
'갑자기 모든 것이 생기를 띠었다: 숲도 연못도 초원도.'

만약 총괄어가 동위성분 다음에 놓이면 총괄어 앞에는 횡선(—)이 찍힌다:

Дожди, болота, усталость — **всё** это было забыто (*Арс.*).
'비, 소택, 피곤 이 모든 것은 잊혀졌다.'

만약 총괄어 다음에 놓이는 동위 성분들이 문장을 종결하지 않으면 이들 뒤에 횡선(—)이 놓인다:

Студенты разных национальностей: поляки, чехи, немцы, венгры — собрались на наш вечер.
'여러 민족의 대학생들, 즉 폴란드인들, 체코인들, 독인인들, 헝가리인들이 우리의 저녁파티에 모였다.'

연습문제 67 문장에서 총괄어를 지적하고 구두점 사용법을 설명하시오.

1. В человеке должно быть всё прекрасно: и лицо, и одежда, и душа, и мысли (*Чех.*).
2. Лицо, походка, взгляд, голос — всё вдруг изменилось в Наташе (*Л.Т.*).
3. Над вами, кругом вас — всюду туман (*Тург.*).
4. Коля сел к старенькому столу, начал выдвигать ящики и перебирать уже позабытые вещи: школьные тетради, коллекцию уральских камней, альбом с почтовыми марками ... (*Пауст.*).
5. На пристани стояли две баржи. На одну грузили продовольствие: мешки с мукой и крупами, бочки с растительным маслом и рыбой, на другую — лошадей, инструмент, технические материалы (*Аж.*).

문장의 독립적 이차성분

문장의 이차성분들은 문장에서 쉼표나 억양으로 구분된다:

Сейчас ты узнаешь новости, **очень для тебя интересные**.
'지금 너는 너에게 매우 재미있는 소식을 알게 될거야.'

Звуки станицы, **слышные прежде**, уже не доходили до охотников (*Л.Т.*).
'조금 전까지 들렸던 짐승들의 울음소리가 이제는 사냥꾼의 귀에는 들리지 않았다.'

첫 번째 문장에서 피한정어 новости 뒤에 있는 한정어 очень для тебя интересные는 구분된다. 이들 앞에서는 톤이 올라가고 잠시 쉬는 휴지를 가진다. 두 번째 문장에서 한정어 слышные прежде도 쉼표와 억양으로 구분된다. 쉼표와 억양으로 이차성분이 구분되어 있는 것은 독립이라 하고, 구분되어진 이차성분을 독립된 이차성분이라 한다. 독립에 의하여 문장의 이차성분의 의미가 강조되고 이들에게 어떤 독립성이 부여된다. 다음 예문을 비교하여 보시오.

Ты узнаешь сейчас очень для тебя интересные новости.
'이제 너는 너에게 매우 재미있는 소식을 알게 될거야.'

Ты узнаешь сейчас новости, очень для тебя интересные.

첫 번째 예문에서 한정어 очень для тебя интересные는 피한정어 앞에 위치하고 있고 독립된 성분이 아니다. 두 번째 예문에서 동일한 한정어는 피한정어 뒤에 위치하고 독립되어 있고, 이것으로 그것의 의미가 강조된다. 일반적으로 종속어를 가지고 있는 성분인 문장의 확대이차성분은 분리 독립된다.

피한정어 뒤에 위치하고 있고 형동사구로 표현되어 있는 한정어들은 분리 독립된다. 부동사구는 항상 분리 독립되는데, 이들은 독립된 상황어이다.

분리 독립된 문장의 이차 성분은 종속문과 의미상 유사하기 때문에 이것으로 교체될 수 있다.

Мой спутник указал мне на высокую гору, **поднимавшуюся прямо против нас** (*Д*.).
'나의 길 동무는 우리의 맞은 편에 곧바로 솟아 있는 높은 산을 나에게 가르켜 주었다.'

Мой спутник указал мне на высокую гору, **которая поднималась прямо против нас**.

인용된 동의문에서 형동사구로 표현되어 있는 독립된 한정어는 한정 종속문에 해당된다.

Всадники, **спустившись под гору**, скрылись из виду.
'말을 탄 사람들은, 산을 내려간 후에 시각에서 사라졌다.'

Всадники, **когда спустились под гору**, скрылись из виду.

이 동의문에서 부동사구로 표현되어 있는 독립된 상황어는 시간의 종속문에 해당된다.

연습문제 68 적합한 억양으로 독립 부차성분 문장을 읽고 문장의 독립 성분에 밑줄을 치시오.

1. Уже вечереет. Солнце перед самым закатом вышло из-за серых туч, покрывающих небо, и вдруг багряным светом осветило лиловые тучи, зеленоватое море, покрытое кораблями и лодками, и белые строения города, и народ, движущийся по улицам (*Л.Т.*).
2. Лёгкий ветерок, пробегая по листве деревьев, по моим волосам и вспотевшему лицу, чрезвычайно отвежал меня (*Л.Т.*).
3. Родина! Особенно звучит для меня это слово, полное глубокого смысла (*С.-М.*).

◆◆

한정어의 독립

1. 피한정어 뒤에 있는 확대 한정어(형동사 구, 종속어를 가진 형용사)들은 독립된다:

Нет ничего прекраснее беспредельно широкого моря, **залитого лунным светом**, и глубокого неба, **полного тихих сияющих звёзд** (*Арс.*).

'달빛으로 가득찬 한없이 넓은 바다와 조용하게 빛나는 별들로 가득찬 깊은 하늘보다 더 아름다운 것은 없다.'

2. 형용사나 형동사로 표현된 둘 또는 그 이상의 몇몇 비확대 한정어들은 만약 그들이 앞에 자신을 한정하는 한정어가 있고, 피한정어 뒤에 놓이면, 독립된다:

С моря подул сильный ветер, **холодный и резкий**.

'바다에서부터, 차갑고 날카로운, 강한 바람이 불었다.'

만약 피한정어 명사 앞에 한정어가 없으면, 피한정어 다음에 있는 한정어의 독립은 가능하지만 필수적인 것은 아니다:

По линии железной дороги там и сям зажглись огни, **зелёные, красные**... (*Чех.*).

'철길을 따라 이곳 저곳에서 푸르고 붉은 등불이 켜졌다...'

По дороге **зимней, скучной** тройка борзая бежит (*П.*).
'겨울의 적적한 길을 따라 보르조이 뜨로이까가 달린다.'

3. 피한정어 앞에 놓여 있는 한정어들은, 그들이 상황적인 의미를 가지면 독립된다.

Расположенные на большой высоте, кремлёвские звёзды кажутся небольшими.
'높은 곳에 있기 때문에 끄레믈린의 별들은 크지 않은 것처럼 여겨진다.'

이 문장에서 형동사구는 한정어이면서 동시에 원인의 의미를 가진다.

Всегда спокойная, сестра сегодня волновалась.
'항상 침착한 누나는 오늘 흥분했다.'

이 문장에서 한정어는 다음의 양보적인 의미를 가진다:

Хотя сестра всегда была спокойна...

4. 문장의 다른 성분들에 의하여 피한정어에서 부터 멀리 떨어진 한정어들은 독립된다:

Несколько раз, **таинственный и одинокий**, появлялся мятежный броненосец на горизонте (*Кат.*).
'은밀하고 고독하게 항해 중인, 반란을 일으킨 전함이 수평선 위에서 여러 번 나타났다.'

5. 내명사에 관계되는 한정어는 항상 독립된다:

Усталые, они шли медленно.
'그들은 피곤에 지쳐서, 천천히 걸아갔다.'

Погружённые в свои мысли, они за весь путь не обмолвились ни одним словом (*Ажс.*).
'자신의 생각에 푹 빠져서, 그들은 여행 중 내내 한마디도 입밖에 내지 않았다.'

연습문제 69 적합한 억양으로 문장을 읽고 독립 한정어를 지적하시오.

1. Его голубые глаза, всегда серьёзные и строгие, теперь глядели мягко и ласково (*М.Г.*).

2. На этой самой высокой точке флаг величественно развевался, видный всему городу (*Фад.*).
3. Измученные, грязные, мокрые, мы достигли, наконец, берега (*Тург.*).
4. Несколько успокоенный, я отправился к себе на квартиру (*П.*).
5. Зима, злая, тёмная, длинная, была ещё так недавно (*Чех.*).
6. Со всею силою юности и жаром ученика, гордого знаниями, он говорил о том, что было ясно для него (*М.Г.*).

연습문제 70 문장에서 형동사 구문을 찾고, 구두점의 배열을 설명하시오.

1. Я добрался до сеновала и лёг на только что скошенную, но уже высохшую траву (*Тург.*).
2. Отважен был пловец, решившийся в такую ночь пуститься через пролив на расстояние 20 вёрст, и важная должна быть причина, его к тому пробудившая (*Л.*).
3. День становился всё более ясным, облака уходили, гонимые ветром (*М.Г.*).
4. Не остывшие после душной ночи камни улиц, домов и железо крыш отдавали своё тепло в жаркий, неподвижный воздух (*Л.Т.*).
5. Поднималось солнце. Ещё не видимое глазом, оно раскинуло по небу прозрачный веер розовых лучей (*М.Г.*).

연습문제 71 문장에서 쉼표를 찾아 치시오.

1. Листья клёнов похожие на лапы резко выделялись на жёлтом песке аллей (*Чех.*).
2. Волнуемый воспоминаниями я забылся (*Л.*).
3. Внутренность рощи влажной от дождя беспрестанно изменялась (*Тург.*).
4. Поле с цветущей рожью которое не шевелилось в тихом воздухе и лес озарённый солнцем были прекрасны (*Чех.*).

◆◆

동격어의 독립

1. 보통명사나 대명사에 관계되는 확대 동격어들은 항상 독립된다:

Девочка, **любимица отца**, вбежала смело (*Л.Т.*).
'아버지의 총애를 받고 있는 소녀는 용감하게 안으로 뛰어 들어왔다.'

Мы, **несколько случайных попутчиков**, пошли пешком.
'약간 우연하게 동반자가 된, 우리는 걸어서 출발했다.'

2. 고유명사에 관계되는 확대 동격어는 그들이 고유명사 다음에 있을 때 독립된다:

Имя Горького, **великого пролетарского писателя**, широко известно во всём мире.

(다음 문장과 비교하시오:
Имя великого пролетарского писателя Горького широко известно во всём мире.)
'위대한 프롤레따리아 작가인 고리끼의 이름은 전 세계에 널리 잘 알려져 있다.'

3. 단독으로 사용되는 비확대 동격어는 다음의 경우에 독립된다:

1) 사람을 표시하는 고유명사 다음에 있을 때:

Я разговаривал с Таней Петровой, **секретарём**.
'나는 비서인 따냐 뻬뜨로바와 대화를 나누었다.'

В окне Николая Ивановича, **соседа**, горел свет.
'이웃인 니꼴라이 이바노비치의 창에서 불이 켜졌다.'

2) 비한정어가 종속어를 가질 때

Его брат, **геолог**, находился в это время в экспедиции.
'지실학자인 그의 형은 이 당시 탐험대에 있었다.'

3) 동격어가 대명사에 관계될 때

Победим мы, **рабочие!** (*М.Г.*).
'우리 노동자들은 승리할 것입니다!'

독립된 동격어는 문어에서 쉼표나 횡선에 의하여 분리 독립된다.
다음 문장의 예를 들 수 있다:

Онегин, **добрый мой приятель**, Родился на брегах Невы (*П.*).
'나의 선량한 친구 오네긴은 네바 강가에서 태어났다.'

Любите книгу — **источник знания** (*М.Г.*).
'지식의 원천인 책을 사랑하시오.'

독립된 동격어는 항상 피한정 명사와 격에서 일치한다.

Дверь открыла **дочь** соседа, **девочка лет двенадцати**.
'이웃집의 딸인 12살짜리 소녀가 이 문을 열었다.'

Во дворе я встретил **дочь** соседа, **девочку лет двенадцати**.
'마당에서 나는 이웃집의 딸인 12살짜리 소녀를 만났다.'

Я обратился с этим вопросом **к дочери** соседа, **девочке лет двенадцати**.
'나는 이웃집의 딸인 12살짜리 소녀에게 이 질문을 했다.'

Моя младшая сестра играла **с дочерью** соседа, **девочкой лет двенадцати**.
'나의 누이 여동생은 이웃집의 딸인 12살짜리 소녀와 놀았다.'

연습문제 72 다음 문장을 읽고 독립 확대문의 격을 지적하시오.

1. Лучшим временем — порой безудержных мечтаний, увлечений и бессонных ночей — была киевская весна, ослепительная и нежная весна Украины (*Пауст.*).
2. Для нас, охотников, особую прелесть имеет вечерний час солнечного заката (*С.-М.*).
3. Мы идём с Ладой — моей охотничьей собакой — вдоль небольшого озерка (*Приш.*).
4. Вечером мы все пошли на Меловую горку — крутой обрыв над рекой, заросший молодыми соснами (*Пауст.*).
5. И вот оказалось, что у нас, людей совершенно разных, много общих мыслей и интересных друг для друга рассказов (*Пауст.*).
6. Вместе с поваром жила его дочь Мария, девушка лет восемнадцати (*Пауст.*).

연습문제 73 두 문장을 한 문장으로 만들고 두 번째 문장의 술어의 명사 부분을 동격어로 만드시오.

보기: Всему миру известны работы Мичурина. Мичурин — великий преобразователь природы.

Всему миру известны работы Мичурина, великого преобразователя природы.

1. Прошлым летом я поехал на Волгу вместе со своим приятелем. Приятель — страстный рыболов.
2. Моему другу известны в этом лесу все тропинки. Мой друг — старый житель этих мест.
3. Мне хотелось побывать в Саратове. Саратов — город моего детства.
4. Вам должен понравиться этот концерт. Вы — тонкий ценитель и знаток музыки.
5. Картины Репина полны сочувствия к народу и веры в него. Репин — великий русский художник.

연습문제 74 한정 종속문을 독립 한정어 또는 동격어로 바꾸시오. 독립된 한정어와 피한정어를 가진 동격어의 일치 그리고 형용사 형태에 주의하시오.

1. Поля, которые были белы от снега, тянулись до самого горизонта.
2. Я иду по тропинке, которая давно уже знакома мне.
3. В комнату вошли мои друзья, которые давно уже были готовы к отъезду.
4. По лесной дороге, которая была особенно неровной в этом месте, пришлось ехать медленнее.
5. Всю дорогу я разговаривал с моим спутником, который был очень интересным собеседником.
6. Её лицо, которое минуту назад было таким велёлым, вдруг опечалилось.
7. Скалы, которые были так красивы при солнечном освещении, теперь казались угрюмыми.
8. Теперь в окна было видно небо и деревья, которые были мокры от дождя.

◆◆

상황어의 독립

1. 부동사로 표현된 상황어들은 항상 독립된다.

Возвратясь домой, я сел верхом и поскакал в степь (*Л.*).
'집에 돌아오자 나는 말을 타고 초원으로 달렸다.'

Наташа, **низко наклонясь над книгой**, поправляла сползавшие ей на виски волосы (*М.Г.*).
'나따샤는 책 위에 몸을 낮게 구부리면서 관자놀이 위로 미끄러져 떨어진 머리카락을 바르게 했다.'

2. 단독 부동사로 표현된 상황어는 일반적으로 독립된다.

Роса, **блестя**, заиграла на зелени; прозрачные побелевшие тучки, **спеша**, разбегались по синевшему своду (*Л.Т.*).
'이슬은 빛나면서 푸른 초목 위에서 놀이하고 있었고, 하얗게 된 비구름은 성급하게 푸른 하늘 위로 흩어져 달아나고 있었다.'

행위양태의 상황어로 쓰이는 단독 부동사들은 그들이 문장의 끝에 있으면 독립되지 않는다:

Дождь шёл **не переставая**.
'비는 쉬지 않고 내렸다.'

Хозяйка встретила нас **улыбаясь**.
'여주인이 미소지으며 우리를 맞이했다.'

부사로 전환된 부동사와 부동사구도 분리 독립되지 않는다(**сидя** '앉아서', **лёжа** '누워서', **стоя** '서서', **молча** '묵묵히', **нехотя** '마지못해서', **шумя** '떠들썩하게', **сложа руки** '아무 것도 하지 않고', **спустя рукава** '태평스럽게, 적당히', **сломя голову** '다급하게'):

Бойцы **молча** слушали песню.
'군인들은 묵묵히 노래를 듣고 있었다.'

После отдыха она **нехотя** (неохотно) принялась за работу.
'휴식을 취한 다음 그녀는 마지못해 일을 착수했다.'

Не сиди **сложа руки** (без дела).
'팔짱을 끼고 앉아 있지 말아라.'

Почему ты работаешь **спустя рукава** (небрежно)?
'왜 너는 적당히 일을 하고 있는가?'

Мальчик бросился бежать **сломя голову** (очень быстро).
'소년은 다급하게 달리기 시작했다.'

3. 전치사 несмотря на와 명사들로 표현된 상황어들은 항상 독립된다:

Несмотря на поздний час, на улицах было много народу.
'늦은 시간이었음에도 길에는 사람들이 많았다.'

전치사 несмотря на를 수반한 상황어는 접속사 хотя 또는несмотря на то, что를 수반한 양보적 종속문과 일치한다:

Хотя был поздний час, на улицах было много народу.
'늦은 시간이었음에도 길에 사람들이 많았다.'

4. 전치사 благодаря '덕분에', вследствие '결과로', ввиду '인하여', согласно '따라서', при '할 때에', в случае '경우에', вопреки '빈하여'를 수반한 명사로 표현된 상황어들도 분리 독립될 수 있지만 이들의 독립은 필수적이지 않다:

Благодаря своевременной медицинской помощи раненого удалось спасти.
'시기절적한 의료진의 도움으로 환자는 구출되었다.'

Вопреки предсказанию моего спутника, погода прояснилась (*Л.*).
'나의 동행자의 예언에도 불구하고 날씨는 맑았다.'

5. 앞에 있는 상황어를 명확하게 하는 시간과 장소의 상황어들은 일반적으로 독립한다:

В Генуе, **на маленькой площади перед возкалом**, собралась густая толпа народа (*М.Г.*).
'제노바 역전의 조그마한 광장에서 많은 사람들이 모였다.'

Вечером, **после ужина**, мы все сидели у костра и разговаривали (Арс.).
'저녁 식사 후에 우리 모두는 모닥불을 에워싸고 앉아서 이야기를 나누었다.'

연습문제 75 종속절을 부동사구로 바꾸시오.

1. С тех пор как мы расстались, мы не имеем никаких известий друг о друге.
2. Как только собаки заметили наше приближение, они залаяли.
3. Хотя он понимал все предстоящие трудности, он всё же взялся за это дело.
4. Раз ты дал обещание, ты не должен отказываться от участия в нашей работе.

5. Он ничего не знал, так как не получил моего письма.
6. Хотя мы плохо владели языком, мы с первого же дня знакомства хорошо понимали друг друга.
7. Хотя он признал свою ошибку, он ничего не сделал для её исправления.
8. Девушка медленно, как будто она разыскивала что-то на тропинке, шла вдоль берега.
9. Машины двигались медленно, потому что они утопали в снегу.
10. Он замолчал, точно он прислушивался к чему-то.

연습문제 76 다음 문장을 읽고 부동사구가 어떤 상황어로 되는지 정하시오. 부동사구를 종속절로 바꾸시오.

1. Соловей защёлкал в кусте сирени и затих, услыхав наши голоса (*Л.Т.*).
2. Девушка неподвижно и напряжённо смотрела вдаль, как будто провожая кого-то глазами (*Гонч.*).
3. Пристально всмотревшись, можно было различить медленное перемещение ледяной поверхности (*Аж.*).
4. Надо признать, что, умея делать всё на свете, он не умел одного — строить свою жизнь (*Павл.*).
5. Лет пять назад он, будучи пропагандистом, встретил в одном из своих кружков девушку, которая сразу обратила на себя его внимание (*М.Г.*).
6. Великолепные сказки Пушкина были всего ближе и понятнее мне; прочитав их несколько раз, я уже знал их на память (*М.Г.*).
7. Никогда не беритесь за последующее, не усвоив предыдущего (*Пав.*).
8. Изучая, экспериментируя, наблюдая, старайтесь не оставаться у поверхности фактов ... Настойчиво ищите законы, ими управляющие (*Пав.*).

◆◆

호칭어

호칭어는 화자가 자신의 말을 사람이나 사물을 표시하는 단어를 말한다.

Друзья, люблю я Ленинские горы (*Долм.*)
'친구들이여, 나는 레닌언덕을 사랑한다네.'

호칭어는 주격명사로 표현된다.

호칭어는 문장성분 중 어떤 것과도 관계가 없고 스스로 문장성분도 되지 못한다. 호칭어는 문장의 처음에도 중간에도 끝에도 올 수 있다.

Друзья мои, прекрасен наш союз! (*П.*).
'나의 친구들이여, 우리의 연합은 참으로 아름답다네!'

Прости мне, **милый друг**, Двухлетнее молчанье (*П.*).
'나를 용서하시게, 사랑하는 친구여, 2년간의 침묵을'

Дни поздней осени бранят обыкновено, Но мне она мила, **читатель дорогой** (*П.*).
'보통 늦가을을 욕하게 마련이라네, 그러나 늦가을은 나에게 사랑스럽다네, 친애하는 독자여'

호칭어는 구어에서 억양으로, 문어에서는 쉼표로 구분된다.

만약 호칭어가 문장의 처음 또는 끝에 놓이면 감탄부호가 올 수 있다. 감탄부호 뒤에는 보통 대문자가 쓰인다.

Печорин! Давно ли здесь? (*П.*).
'뻬초린! 여기에 있었지 오래되었나?'

Прощай же, **море!** (*П.*).
'잘 있게 바다여!'

만약 호칭어 다음에 감탄부호가 놓이면 호칭어는 특히 억양으로 구분된다. 시어에서는 사람들을 표시하는 단어들만 호칭어가 될 수 있다.

О Волга! После многих лет Я вновь принёс тебе привет (*Н.*).
'오 볼가여, 많은 세월이 흐른 후 나는 다시 그대에게 안부를 드렸노라.'

연습문제 77 뿌쉬낀의 여러 가지 시에서 발췌한 문장을 읽고 호칭이를 지적하시오.

1. Что же ты, моя старушка, Приумолкла у окна?
2. Расскажи мне, няня, Про ваши старые года.
3. Играйте, пойте, о друзья!
4. Здравствуй, племя Младое, незнакомое! Не я Увижу твой могучий поздний возраст.
5. Мой друг, отчизне посвятим Души прекрасные порывы!

6. Как часто в горестной разлуке, В моей блуждающей судьбе, Москва, я думал о тебе!

◆◆

삽입어

삽입어는 화자에 의하여 언급된 사상에 대한 화자의 관계를 표시하기 위하여 문장에 삽입된다.

Он, **конечно**, согласится нам помочь.
'당연히 그는 우리를 돕는 것에 동의할 것이다.'

Он, **вероятно**, согласится нам помочь.
'아마도 그는 우리를 돕는 것에 동의할 것이다.'

Он, **по словам его друзей**, согласится нам помочь.
'그의 친구들의 말에 따르면 그는 우리를 돕는 것에 동의할 것이다.'

문장에 삽입된 단어를 삽입어라고 한다. 단어 конечно는 화자의 확신을 표시한다. 단어 вероятно는 예상을 표시하고, 어결합 по словам его друзей는 언급되는 사고의 기원을 가리킨다.

삽입어는 문장성분이 아니다. 이들은 문법적으로 문장성분과 관계가 없고 이들에게 질문할 수도 없다. 삽입어는 쉼표로 구분된다.

삽입어는 다음의 여러 가지 의미를 가질 수 있다.

1. 삽입어는 발화의 원천을 가리킬 수 있다:

по-моему '내 생각으로는', по-твоему '너의 생각으로는', по словам '말에 따르면', по мнению '의견에 따르면', по мысли кого-либо '누구의 판단에 따르면'; по слухам '소문에 따르면', по сообщению '보도에 의하면', говорят '~고 한다', как известно '알고 있는 바와 같이' 등.

2. 삽입어는 화자의 확신을 표현할 수 있다:

конечно '물론', понятно '당연히', рузумеется '물론 말할 것도 없이', безусловно '무조건', без сомнения '의심할 것 없이', бесспорно '논쟁의 여지가 없이', действительно '실제로' 등.

3. 삽입어는 가정, 불확신, 의심을 표현할 수 있다:

вероятно '아마도', возможно '아마도, 어쩌면', может быть '어쩌면', по-видимому '아마도', видно '필시', очевидно '명백히', наверно(наверное) '틀림없이', должно быть '아마 … 틀림없이', пожалуй '아마도' 등.

4. 삽입어는 화자에게서 화자의 발화로 야기되는 감정을 표현할 수 있다:

к счастью '다행히', к несчастью '불행하게도', к сожалению '유감스럽게도', к удивлению '놀랍게도', к ужасу '무섭게도' 등.

5. 삽입어는 사고 사이의 관계를 가리킬 수 있다:

во-первых '첫째로', во-вторых '둘째로', прежде всего '무엇보다 먼저', наконец '마침내', в конце концов '결국', итак '그래서', таким образом '그리하여', следовательно '결과적으로', значит '말하자면', между прочим '그런데', с одной стороны '한편으로', с другой стороны '또 다른 한편으로', главное '중요한 것은'

6. 삽입어는 사고의 표현방법을 가리킬 수 있다:

так сказать '말하자면', вообще говоря '일반적으로 말하면', одним словом '한마디로 말하면', коротко говоря '간단하게 말하면', иными словами '다르게 말하면'

삽입어를 이와 유사한 문장성분과 구별해야 한다.

Вы, **должно быть**, устали.
'당신은 아마도 지쳤음에 틀림없다.'

Здесь **должно быть** свободное место.
'이곳은 빈 자리임에 틀림없다.'

첫 문장에서 должно быть는 삽입어이고 둘째 문장에서 должно быть는 술어이다.

연습문제 78 문장을 읽고 삽입어를 지적하시오.

1. К счастью, в стороне блеснул тусклый свет (*Л.*).
2. Вероятно, при солнечном освещении местность эта очень живописна.
3. По моим соображениям, до реки осталось не более двух с половиной километров (*Арс.*).
4. Проспал я, должно быть, очень недолго. Разбудил меня сильный стук в дверь (*Пауст.*).
5. Около летнего кино сидело на земле человек сорок мальчишек. Они, видимо, чего-то дожидались (*Пауст.*).
6. Читателю, может быть, уже наскучили мои записки (*Тург.*).

연습문제 79 적합한 억양으로 두 문장을 읽고 이들의 의미상의 차이를 설명하시오.

1. Этот план может быть осуществлён. Этот план, может быть, осуществлён.
2. Он верно ответил на письмо. Он, верно, ответил на письмо.
3. Вы были безусловно правы. Вы, безусловно, были правы.
4. Это решение должно быть выполнено. Это решение, должно быть, выполнено.

연습문제 80 삽입어를 가진 문장에서 쉼표를 치시오.

1. Он видно не придёт. В окно было видно море.
2. Что значит ваше молчание? Значит мы едем сегодня?
3. К вечеру вероятно будет дождь. Это предположение вполне вероятно.
4. Книга по-моему очень хорошая. Он всё сделал по-моему.
5. Для молодёжи в нашей стране открыты все дороги к счастью. Дождь к счастью скоро перестал.
6. Аргументы докладчика таким образом нельзя признать убедительными. Нельзя доказывать свою правоту таким образом.
7. Он может быть руководителем. Он может быть будет руководителем.

연습문제 81 주어진 단어 중 각 단어를 가지고 두 문장씩 만드시오. 어떤 문장에서는 해당 단어를 문장의 성분으로 사용하시오. 또 다른 문장에서는 삽입어로 사용하시오.

говорят, возможно, с одной стороны, с другой стороны, может быть, должно быть, кажется, бесспорно, очевидно

◆

문장의 종류

성분에 따라 문장은 이항성분 문장과 일항성분 문장으로 나누어진다.
일항성분 문장은 주성분만 있다: 주어나 술어

Школа.
'학교다.'

Около школы **шумно**.
'학교 부근은 소란스럽다.'

이항성분 문장에는 주 성분이 둘 있다: 주어와 술어

Один за другим **выбегают** из дверей **ребята**.
'아이들은 차례차례로 문에서 뛰어 나간다.'

문장의 주 성분의 유무에 따라 단문은 다음의 그룹으로 나누어진다.

1) 인칭이항성분문장 — 두개의 주성분인 주어와 술어가 있다.
2) 인칭일항성분문장 — 하나의 주 성분인 술어가 있다.
3) 불확정인칭문 — 하나의 주 성분인 술어가 있다.
4) 보편인칭문 — 하나의 주 성분인 술어가 있다.
5) 무인칭문 — 하나의 주 성분인 술어가 있다.
6) 명사문 — 하나의 주 성분인 주어가 있다.

◆◆

인칭문

모든 이항성문문장은 인칭문이다. 술어가 어미에 의하여 주어를 지시하는 동사형으로 표현되어 있는 일항성분문장도 인칭문이다:

Иду на занятия. (일인칭 형태 **иду**는 주어 **я**를 지시한다.)
'수업하러 간다.'

Приходите к нам в гости. (이인칭 형태 **приходите**는 주어 **вы**를 지시한다.)
'우리에게 손님으로 와 주세요.'

술어가 자신의 어미로 주어에 대한 관계를 지시하는 동사형으로 표현되어 있는 일항 성분문장들도 인칭문이다.

◆◆

불확정인칭문

주어가 없고 술어는 불확정 행위자에 의하여 수행되는 행위를 표시한다:

В поле **убирают** урожай.
'들판에서 수확을 거두어들인다.'

В киоске **продают** газеты.
'매점에서 신문을 팔고 있다.'

만약 불확정인칭문의 술어가 현재시제나 미래시제 동사로 표현되면, 동사는 항상 복수 3인칭형으로 된다. 만약 술어가 과거시제라면 동사는 복수형으로 놓인다.

불확정 인칭문은 사실이나 사건에만 주의를 기울이고 행위수행자는 알려져 있지 않거나 언급되어 있지 않다.

Его **посылают** в командировку.
'그를 출장 보낸다.'

В магазин скоро **привезут** новые книги.
'상점으로 곧 새 책을 반입해 올 것이다.'

В нашем городе **будут строить** текстильный комбинат.
'우리 도시에 섬유 꼼비나트를 건설할 것이다.'

Его **послали** в командировку.
'그를 출장 보냈다.'

В магазин **привезли** новые книги.
'상점으로 새 책을 반입해 왔다.'

불확정인칭문은 사실과 사건에 주의를 기울일 때 사용되고, 누가 행하느냐에 대해서는 알려져 있지 않든지 언급되어 있지 않다.

불확정인칭문에서 언급되어 있는 행위는 불확정한 다수에 의하여 이루어진 행위에 대한 것일 수도 있고 불확정한 한 사람에 의하여 이루어진 행위일 수도 있다.

불확정한 다수에 의하여 이루어진 행위:

В поле убирают хлеб.
'들판에서 곡물을 거두어들이고 있다.'

Строят новую школу.
'새 학교를 건설하고 있다.'

Дом ремонтируют.
'집을 수리하고 있다.'

불확정한 한 사람에 의하여 이루어진 행위:

Окно закрыли.
'창문을 열었다.'

Принесли письмо.
'편지를 가져왔다.'

다음 문장을 한 사람 또는 여러 사람이 기다리는 것을 의미한다.

Вас ждут.
'당신을 기다리다.'

연습문제 82 어떤 문장이 불확정 인칭문인지, 어떤 문장이 인칭문인지 지적하시오.

1. В соседней комнате громко разговаривали.
2. Мы сидели за столом и разговаривали.
3. Вас зовут к телефону.

4. Друзья зовут меня в гости.
5. В зале зааплодировали.
6. Когда опустился занавес, зрители зааплодировали.

연습문제 83 다음의 문장을 불확정 인칭문으로 바꾸시오.

1. В этом магазине продаются книги.
2. По радио передавался симфонический концерт.
3. В нашем городе строится новый завод.
4. Школа отремонтирована к новому учебному году.
5. В клубе демонстрируется новый кинофильм.

연습문제 84 불확정 인칭문과 주어가 불확정 대명사 кто-то로 표현되어 있는 인칭문을 비교하시오.

1. Вас зовут. Вас кто-то зовёт.
2. Тебе звонили. Тебе кто-то звонил.
3. Дверь открыли. Кто-то открыл дверь.
4. Тебя ждут. Тебя кто-то ждёт.

연습문제 85 불확정 인칭문 대여섯 문장을 만드시오.

◆◆

보편인칭문

술어가 온갖 임의의 사람에 의하여 수행되는 행위를 표시하는 문장을 보편인칭문이라고 한다:

Что посеешь, то и пожнёшь (*Посл.*)
'뿌린 자가 거두는 법이다.'

Век живи, век учись (*Посл.*).
'배움에는 끝이 없는 법이다.'

격언이나 속담 등에서 특히 자주 사용한다.

1. 보편인칭문의 술어는 일반적으로 단수 2인칭 동사로 표현된다.

Из песни слова **не выкинешь**.
'노래에서 가사를 지울 수 없다.'

Без труда **не вынешь** и рыбку из пруда.
'공들이지 않고 못에서 물고기를 낚을 수 없다.'

2. 술어는 명령법 동사로 표현될 수 있다.

Век **живи**, век **учись**.
'배움에는 끝이 없는 법이다.'

Семь раз **отмерь**, один раз **отрежь**.
'일곱 번 생각하고 한번 행하라.'

3. 술어는 복수 3인칭 동사로 표현될 수 있다.

В лес дров **не возят**.
'숲 속으로 장작을 가지고 가지 않는 법이다.'

4. 술어는 복수 1인칭 동사로 표현될 수 있다.

Что **имеем** — не храним, потерявши — **плачем**.
'가지고 있는 것을 보관하지 않으면 잃고 나면 후회한다.'

일반적으로 보편인칭문은 주어가 없다. 가끔 보편인칭문에서 일인칭이나 이인칭 동사로 표현된 주어가 올 수 있다.

Охотно **мы** дарим, что нам не надобно самим (*Кр.*)
'필요하지 않는 것은 기꺼이 주는 법이다.'

연습문제 86 보편인칭문의 술어들이 동사의 어떤 형태로 표현되어 있는지 지적하시오. 속담의 의미를 설명하시오.

1. За двумя зайцами погонишься — ни одного не поймаешь.
2. Слезами горю не поможешь.
3. Не спеши языком, торопись дедом.
4. Шила в мешке не утаишь.
5. Цыплят по осени считают.
6. Вчерашнего дня не воротишь.
7. Не плюй в колодец: пригодится воды напиться.
8. Любишь кататься — люби и саночки возить.
9. Не за то волка бьют, что сер, а за то, что овцу съел.
10. Что написано пером, не вырубишь топором.

◆◆

무인칭문

무인칭 문장은 주어가 없거나 주어를 둘 수 없는 술어를 가진 문장을 말한다.

Светает.
'날이 밝아온다.'

На улице сщё тихо.
'길거리에는 아직 조용하다.'

Дождя уже нет.
'아직 비는 오지 않는다.'

무인칭 문장의 술어는 일반적으로 동사나 서술부사에 의하여 표현된다.

Вчера **морозило**.
'어제는 매우 추웠다.'

Ветра **не было**.
'바람이 불지 않았다.'

Вчера **было холодно**.
'어제 추웠다.'

Детям **весело**.
'어린아이들은 즐거워한다.'

사람을 표시하는 명사나 대명사는 일반적으로 여격으로 사용된다.

Детям весело.
'어린아이들은 즐거워한다.'

Мне весело.
'나는 즐겁다.'

Ему не спится.
'그는 잠이 오지 않는다.'

◆◆◆

무인칭문에서 술어의 표현

☑ 술어의 역할로 사용된 무인칭동사

무인칭 동사가 무인칭문의 술어로 사용된다.

Вечереет.
'저녁 때가 되다.'

К вечеру **похолодало**.
'저녁 무렵 추워졌다.'

Больного весь вечер **знобило**.
'환자는 저녁 내내 호한에 떨었다.'

Всю ночь ему **не спалось**.
'밤새 그는 잠이 오지 않았다.'

Легко **дышится** в лесу.
'숲에서는 편히 숨을 쉴수가 있다.'

무인칭 동사로 표현된 술어는 합성술어일 수 있다.

а) **Стало смеркаться**.
'어두워지기 시작했다.'

Начало светать.
'날이 밝기 시작했다.'

Его **продолжало лихорадить.**
'그는 계속해서 오한이 났다.'

이 문장에서 합성술어는 행위의 시작, 계속의 의미를 가진 조동사와 인칭동사 원형으로 이루어져 있다.

b) Мне **хочется пить.**
'나는 마시고 싶다.'

Нам **пришлось остановиться.**
'우리는 멈추지 않으면 안 된다.'

Не стоит спорить.
'논쟁할 가치가 없다.'

이 문장에서 합성술어는 활용형 무인칭 동사와 인칭동사원형으로 이루어져 있다.

☑ 술어의 역할로 사용된 무인칭 의미의 인칭동사

무인칭문에서 술어의 역할로 무인칭 의미의 인칭동사가 사용된다.

인칭문	무인칭문
Ветер дует. '바람이 분다.'	Здесь дует. '이곳은 바람이 분다.'
Воздух потеплел. '공기가 따뜻해졌다.'	Сегодня потеплело. '오늘은 따뜻해졌다.'
Небо темнеет. '하늘이 어두워지고 있다.'	В лесу темнеет. '숲이 어두워지고 있다.'
Снег стал таять. '눈이 녹기 시작했다.'	На солнце стало таять. '태양빛에 녹기 시작했다.'
Вода капает. '물이 떨어지고 있다.'	С крыши капает. '지붕에서 물방울이 떨어지고 있다.'

어떤 인칭문을 무인칭문으로 교체할 수 있다. 이 때 문장의 의미는 바뀌지 않는다.

인칭문	무인칭문
Волна перевернула лодку. '파도가 쳐서 보트가 뒤집혔다.'	Лодку перевернуло волной.
Град побил пшеницу. '우박으로 밀을 망쳤다.'	Градом побило пшеницу.
Молния зажгла дом. '벼락으로 집을 불태웠다.'	Молнией зажгло дом.

무인칭문으로 교체될 수 있는 인칭문에서는 일반적으로 자연의 힘이나 자연현상을 표시하는 명사(**вода** '물', **волна** '파도', **град** '우박', **дождь** '비', **ветер** '바람', **буря** '폭풍', **гром** '천둥', **молния** '번개' 등)가 사용되고, 술어는 이 힘의 행위를 표시하는 타동사가 사용된다. 이 경우 일반적으로 술어에 직접보어가 놓인다.

인칭문을 무인문으로 교체할 때 인칭문의 주어는 무인칭문의 보어로 되고 조격으로 된다, 그리고 술어는 과거시제 중성단수 형태로 된다.

상기의 무인칭문과 인칭문의 피동문과 구별해야 한다.

인칭문	무인칭문
Пшеница побита градом. '우박으로 밀이 못쓰게 되었다.'	Пшеницу побило градом. '우박으로 밀을 못쓰게 만들었다.'
Луга затоплены водой. '홍수로 목초지가 침수되었다.'	Луга затопило водой. '홍수로 목초지를 침수시켰다.'

피동문에서 행위를 받는 대상을 표시하는 명사는 주격으로 되고 주어이다. 무인칭문에서 이 명사는 대격보어로 된다.

연습문제 87 다음 문장을 읽고 무인칭 동사를 지적하시오.

1. Между тем небо продолжало расчищаться: в лесу чуть-чуть светлело (*Тург.*).
2. День кончился, и в воздухе стало холодать (*Арс.*).
3. Не спится, няня: здесь так душно! (*П.*).
4. В саду ночью ветром посбивало все яблоки и сломало одну старую сливу (*Чех.*).
5. С моря веет свежестью (*М.Г.*).
6. Между тем начало смеркаться (*П.*).

7. Морозило сильнее, чем с утра (*Г.*).
8. Уже вечерело: солнце скрылось за небольшую осиновую рощу (*Тург.*).
9. С бухты несёт холодом и туманом (*Л.Т.*).
10. Они сидели в гостиной у окна. Были сумерки. Из окна пахло цветами (*Л.Т.*).
11. Он одинок. Живётся ему скучно, ничего его не интересует (*Чех.*).

연습문제 88 인칭문을 무인칭문으로 바꾸시오.

1. Гром оглушил нас.
2. Молния разбила стаый дуб.
3. Ветер свалил дерево.
4. Ураган сорвал крышу с дома.
5. Течение унесло лодку.
6. Солнце сильно нагрело камни.
7. Дождь смочил землю.
8. Вода залила подвал.
9. Пуля ранила бойца.

◆◆◆

술어의 역할을 하는 서술부사

무인칭문에서 술어의 역할로 서술부사가 사용된다.

Мне **скучно**.
'나는 지루하다.'

В доме **пусто** и **тихо**.
'집은 비어있고 조용하다.'

Вчера **было теплее**.
'어제는 따뜻했다.'

Сегодня **холодно**.
'오늘은 춥다.'

Завтра тоже **будет холодно**.
'내일도 추울 것이다.'

현재시제에서 계사를 가지고 있든지 아니면 이것을 가지고 있지 않든지 서술부사로 표현된 술어는 합성술어이다.

계사의 역할로 동사 **быть** 대신에 가끔 다음의 동사가 사용된다.

불완료상	완료상
бывать '자주 있다'	—
становиться '되다'	**стать**
делаться '되다, 일어나다'	**сделаться**
казаться '생각되다'	**показаться**
оказываться '...임을 알게 되다'	**оказаться**

Все ушли, и мне **стало скучно**.
'모두들 떠나버렸기에 나는 심심해졌다.'

Когда все уходили, мне **становилось скучно**.
'모두들 떠났을 때 나는 심심하게 되었다.'

Много пассажиров вышло, и в вагоне **стало просторно**.
'많은 승객들이 나갔고, 차량에는 텅 비게 되었다.'

Без детей в доме **казалось пусто**.
'아이들이 없으니 집이 텅 빈 것 같았다.'

В лесу **оказалось тепло**.
'숲은 따뜻함을 알았다.'

По вечерам в нашем доме **бывает шумно и весело**.
'저녁마다 우리집은 소란하고 유쾌했다.'

동사원형이 종종 서술부사로 표현된 술어의 성분으로 들어간다.

Ему **было смешно вспоминать** об этом.
'그는 이 일을 회상하는 것이 우스웠다.'

Мне **необходимо видеть** вас.
'나는 반드시 당신을 만나야 한다.'

Наверх **можно будет подняться** на лифте.
'위쪽으로 엘리베이터를 타고 올라갈 수 있을 것이다.'

Сейчас **не время спорить**.
'지금은 논쟁할 시간이 없다.'

Мне **стало легко работать**.
'나는 일하기가 쉬워졌다.'

서술부사 видно, слышно, нужно를 가진 무인칭문을 가끔 인칭문으로 교체할 수 있다.

무인칭문	인칭문
Слышно музыку. '음악소리가 들린다.'	**Слышна** музыка.
Не слышно музыки. '음악소리가 들리지 않는다.'	Музыка **не слышна**.
Видно дорогу. '길이 보인다.'	Дорога **видна**.
Не видно дороги. '길이 보이지 않는다.'	Дорога **не видна**.

무인칭문을 인칭문으로 교체할 때 대격이나 (부정문에서) 생격으로 되는 무인칭문의 보어는 인칭문의 주어로 된다. 서술부사는 형용사 단어미형으로 교체된다.

◆◆◆

술어의 역할로 사용되는 피동형동사 단어미

무인칭문에서 술어의 역할로 피동형동사 단어미가 사용된다.

Уже **объявлено** о собрании.
'벌써 모임에 대하여 공고되었다.'

Об этом нигде **не написано**.
'이것에 대하여 어디에도 쓰여져 있지 않다.'

Ещё ничего **не сделано**.
'아직 아무 것도 된 것이 없다.'

Решено начать работу завтра.
'내일 일을 시작하기로 결정되었다.'

무인칭문에서 피동형동사 단어미에는 직접보어가 올 수 없다.

술어의 역할로 사용되는 피동형동사 단어미를 내포하고 있는 무인칭문을 불확정 인칭문이나 인칭문으로 교체할 수 있다.

무인칭문	불확정 인칭문
Уже **объявлено** о собрании. '이미 모임에 대하여 공고되었다.'	Уже **объявили** о собрании.
Мне **поручено** встретить вас. '당신을 만나는 것이 나에게 위임되었다.'	Мне **поручили** встретить вас.

☑ 술어의 역할을 하는 **нет, не было, не будет**

무인칭문에서 술어의 역할로 현재시제에서 단어 нет와 과거시제와 미래시제에서 부정소사 не와 동사 быть가 사용된다(не было, не будет). 그런 문장에서 사람이나 사물의 부재에 관하여 언급된다.

В царской России **не было** развитой тяжёлой промышленности.
'제정 러시아에는 발달된 중공업이 없었다.'

만약 не было, не будет을 수반하는 무인칭문에서 어떤 사람에 대하여 언급하면, 무인칭문을 인칭문으로 교체할 수 있다.

무인칭문	인칭문
Вчера вечером отца **не было** дома. '어제 저녁에 아버지는 집에 없었다.'	Вчера вечером отец **не был** дома.
Меня завтра **не будет** в институте. '내일 나는 대학에 없을 것이다.'	Я завтра **не буду** в институте.

무인칭문을 인칭문으로 교체할 때 생격으로 되어 있는 무인칭문의 보어는 인칭문의 주어로 된다. 동사 быть는 주어와 성과 수에서 일치한다.

만약 술어 не было, не будет를 수반하는 무인칭문에서 비활동체에 대하여 언급되어 있으면, 그런 무인칭문을 인칭문으로 교체할 수 없다. 예를 들어, 다음의 무인칭문을 인칭문으로 교체할 수 없다:

В зале **не было** свободных мест.
'강당에는 빈 자리가 없었다.'

부정문 현재시제에서 단어 **нет**와 과거시제와 미래시제에서 동사 **быть** 대신에 부정소사 **не**를 수반한 다른 단어가 사용될 수 있다: **не существует** '존재하지 않다.', **не стало** '없었다', **не оказалось** '없는 것으로 드러났다', **не осталось** '남아있지 않았다', **не имеется** '없다', **не нашлось** '없었다'

Этих трудностей **не существует**.
'이같은 어려움은 존재하지 않는다.'

Несчастья **не произошло**.
'불행은 발생하지 않았다.'

Этой книги в магазине **не оказалось**.
'이 책은 서점에 없는 것으로 드러났다.'

У него **не стало** сил.
'그는 힘이 없었다.'

연습문제 89 무인칭문을 찾고 무인칭문의 술어가 어떻게 표현되어 있는지 지적하시오.

1. День кончился, и в воздухе стало холодать (*Арс.*).
2. Луна светила. Всю деревню было видно из конца в конец (*Ант.*).
3. Мне не спится, нет огня (*П.*).
4. Между тем начало смеркаться (*П.*).
5. Ему сделалось дурно, голова разболелась, невозможно было ехать (*П.*).
6. В яркие солнечные полдни капало с крыш и пахло весной (*Чех.*).
7. Мне необходимо поговорить с вами (*Чех.*).
8. После недавних дождей в лесу было довольно сыро (*Арс.*).
9. На юго-западных железных дорогах заносило снегом пути (*Н.О.*).
10. Уж тает снег, бегут ручьи, В окно повеяло весною. Засвищут скоро соловьи, И лес оденется листвою (*Плещ.*).

연습문제 90 무인칭문을 인칭문 또는 불확정 인칭문으로 바꾸시오.

1. Порывом ветра сорвало крышу.
2. Сегодня вечером меня не будет дома.
3. Ему было поручено вести собрание.
4. Светила луна, и дорогу было хорошо видно.
5. Лодку сильно качало волнами.
6. Мне не нужно его советов.

7. На другой день решено было отправиться на экскурсию по городу.
8. В тот день моего друга не было на занятиях.

연습문제 91 다음 문장을 읽고 무인칭문을 지적하시오.

С февраля пошли оттепели. Киев начало заносить туманом. Его часто разгонял тяжёлый ветер. У нас на Лукьяновке пахло талым снегом и корой — ветер приносил этот запах из-за Днепра, из потемневших к весне черниговских лесов.

Капало с крыши; только по ночам, да и то редко, ветер срывал тучи, лужи подмерзали и на небе поблескивали звёзды. Их можно было увидеть только у нас на окраине. В городе было так много света из окон и от уличных фонарей, что никто, очевидно, даже не подозревал о присутствии звёзд.

В сырые февральские вечера в бабушкином флигеле было тепло и уютно. Горели электрические лампы. Пустые сады начинали иногда шуметь от ветра за ставнями (*Пауст.*).

연습문제 92 합성 동사술어를 가지고 다섯 개의 무인칭 문장을 만드시오.

보기: Уже **начинало смеркаться. Мне хотелось спать**.

연습문제 93 단어와 어결합을 사용하여 봄에 관한 짧은 이야기를 쓰시오.

веет, тает, капает с крыш, пахнет, потеплело, затопило, весело, легко дышится, солнечно, шумно.

◆◆◆

술어의 역할을 하는 동사원형

의문, 부정 그리고 관계 대명사와 부사를 가진 무인칭문에서 술어는 동사원형으로 표현된다.

Что дать ребёнку?
'갓난아이에게 무엇을 주어야 하지?'

— Ребёнку **нечего дать**.
'갓난아이에겐 줄 것이 없다.'

Когда мне **прийти** к вам?
'나는 언제 당신에게 가야 하나요?'

— Мне **некогда прийти** к вам.
'나는 당신에게 갈 시간이 없어요.'

이 유형의 무인칭 의문문은 일반적으로 인칭문으로 교체될 수 있다.

무인칭문	인칭문
Кому руководить работой?	Кто должен руководить работой? '누가 일을 지도해야 하느냐?' Кто может руководить работой? '누가 일을 지도할 수 있느냐?'
Что мне рассказать вам?	О чём я должен рассказать вам? '내가 당신에게 무엇을 이야기해야 하느냐?'
С кем ему посоветоваться?	С кем он должен посоветоваться? '그는 누구와 상담해야 하느냐?'
Когда мне позвонить вам?	Когда я должен позвонить вам? '나는 언제 당신에게 전화해야 하느냐?' Когда я могу позвонить вам? '나는 언제 당신에게 전화할 수 있느냐?'
Куда нам идти?	Куда мы должны идти? '우리는 어디로 가야 하느냐?'

회화체에서는 무인칭 의문문이 더 잘 사용된다.

부정 대명사와 부사를 가진 무인칭 단문을 주문이 무인칭인 복문으로 교체할 수 있다.

무인칭문	인칭문
Некому руководить работой.	Нет человека, который мог бы руководить работой. '일을 지도할 사람이 없다.'
Некого послать за книгами.	Нет человека, которого можно было бы послать за книгами. '책을 구하러 보낼 사람이 없다.'
Ему не с кем посоветоваться.	Нет человека, с которым он мог бы посоветоваться. '그가 상담할 수 있는 사람이 없다.'
Мне нечего сейчас читать.	Нет ничего, что я мог бы сейчас читать. '내가 지금 읽을 것이 아무 것도 없다.'

교체할 때 얻어지는 복문은 적게 사용된다.

무인칭문의 동사 원형은 필연성, 불가피성, 불가능성의 행위를 표현하기 위하여 사용될 때가 있다.

Тебе начинать (필연성).
'너는 시작해야 한다.'

Быть грозе (불가피성).
'틀림없이 소나기가 올거야.'

Ему не понять этого (불가능성).
'그가 이것을 이해하는 것은 불가능하다.'

Тебе не решить этой задачи (불가능성).
'너는 이 과제를 푸는 것이 불가능하다.'

이런 의미로는 무인칭문과 더불어 인칭문도 사용된다.

무인칭문	인칭문
Нам скоро ехать. '곧 우리는 가야 한다.'	Скоро мы должны ехать.

Мне выступать первому. '내가 처음 발표해야 한다.'	Я должен выступать первый.
Ему не понять этого. '그는 이것을 이해할 수 없다.'	Он не может понять этого.
Нам не успеть. '우리는 성공할 수 없다.'	Мы не можем успеть.
Быть дождю. '틀림없이 비가 올 것이다.'	Дождь обязательно будет.

동사원형은 사람을 가리키는 여격보어가 없을 때 단호한 명령을 나타내는데 쓰인다.

Встать!
'일어섯!'

Прекратить разговоры!
'대화를 그쳐!'

여격보어가 있으면 단호한 명령의 의미가 없다.

Завтра, ровно в восемь часов, **всем быть** здесь.
'내일 정각 8시에 모두들 이곳에 집합해야 합니다.'

소사 **бы**가 있는 동사원형은 행위의 소망이나 가능성을 나타낸다.

Не забыть бы об этом. (소망)
'이것을 잊지 않았으면 좋으련만.'

Пойти бы в лес. (소망)
'숲으로 갈 수 있었으면 좋으련만.'

Без тебя мне не успеть бы. (가능성)
'자네가 없었다면 나는 성공할 수 없었을걸세.'

Быть бы дождю, если бы не ветер. (가능성)
'바람이 불지 않으면 비가 내릴거야.'

연습문제 94 다음 문장을 읽고 각 문장의 의미를 어떻게 이해하였는지 말하시오.

1. Быть грозе великой (*П.*).
2. Не расти траве после осени, не цвести цветам зимой по снегу (*Кольц.*).
3. Мне ещё коня поить ... (*Фад.*).
4. Ах, никогда мне это не забыть (*Л.*).
5. Построиться в одну шеренгу! (*фад.*).
6. Только бы до лесу дойти прежде, чем месяц совсем выйдет (*Л.Т.*).
7. Вам не видать таких сражений! (*Л.*).
8. Утром холодно, топить печи некому, сторож ушёл куда-то (*Чех.*).
9. Мы молчали. О чём было нам говорить? (*Л.*).
10. Спрашивать позволения было не у кого (*Гайд.*).

연습문제 95 단어 должен, мочь, хотеть, бояться를 사용하여 무인칭 문장을 인칭 문장으로 바꾸시오.

1. Тебе выступать первому.
2. Ребёнку не понять этого.
3. Когда мне позвонить вам?
4. Куда нам пойти в воскресенье?
5. Ученику шестого класса не решить эту задачу.
6. Не опоздать бы нам на лекцию.
7. Пойти бы сейчас погулять!
8. Скорей бы сдать все экзамены!
9. Мне не поднять этот чемодан.
10. В такую бурю тебе не переплыть Волгу.

연습문제 96 의무(долженствование), 불가능(невозможность), 가능(возможность), 소망(желание), 명령(приказание)을 표현하는 동사원형을 가지고 무인칭 문장을 만드시오.

연습문제 97 Н.А. 네끄라소프의 시를 읽고 이 속에 있는 무인칭문장을 지적하시오.

Внимая ужасам войны,
При каждой новой жертве боя,

Мне жаль не друга, не жены,
Мне жаль не самого героя...
Увы! Утешится жена,
И друга лучший друг забудет;
Но где-то есть душа одна —
Она до гроба помнить будет!
Средь лицемерных наших дел
С всякой пошлости и прозы
Одни я в мире подсмотрел
Святые, искренние слёзы —
То слёзы бедных матерей!
Им не забыть своих детей,
Погибших на кровавой ниве,
Как не поднять плакучей иве
Своих поникнувших ветвей...

◆◆

명사문

단지 하나의 주성분인 주어만 있는 문장을 명사문이라고 한다. 명사문에서는 대상들, 현상들은 명명되어 있을 뿐이다. 이들이 존재한다는 것 외에는 아무 것도 언급되어 있지 않다:

Вот и лес. Тень и тишина. (*П.*)
'자 여기에 숲도 있다. 그늘과 고요함이 있다.'

И дождь и ветер. Ночь темна. (*Ник.*).
'비도 오고, 바람도 분다. 밤은 어둡다.'

일치 또는 비일치 한정어가 명사문에 부가될 수 있다:

Поздняя осень. Грячи улетели.(*Н.*).
'늦가을이다. 까마귀들이 떠났다.'

Вершины Альп... Целая цепь крутых уступов... (*Тург.*)
'알프스의 정상... 연이어 있는 험하고 오목한 산들...'

명사문은 일반적으로 자연을 묘사할 때 사용된다. 예를 들면, 니끼찐의 시에서 자연을 기술하는 것을 보자.

Золотые нивы,
'황금빛 밭.'

Гладь и блест озёр,
'호수의 잔잔한 표면과 섬광.'

Светлые заливы,
'맑은 만.'

Без конца простор.
'끝없는 공간.'

어떤 명사문은 지시 소사 вот, вон을 가진다:

Вот лес.
'바로 여기가 숲이다.'

Вон речка.
'바로 여기가 강이다.'

연습문제 98 문장을 읽고 명명문을 지적하시오.

1. Мороз и солнце: день чудесный! (*П.*).
2. Зима! Крестьянин, торжествуя, На дровнях обновляет путь (*П.*).
3. Вот мельница! Она уж развалилась (*П.*).
4. Февраль ... Предрассветная синяя тишина. Меркнет пустынный Млечный Путь (*Ш.*).
5. Ясный зимний полдень. Мороз крепок (*Чех.*).
6. Девятый час утра. Навстречу солнцу ползёт тёмная свинцовая громада (*Чех.*).
7. Вершины Альп... Целая цепь крутых уступов... Самая сердцевина гор... Сильный, жестокий мороз. Твёрдый искристый снег. Из-под снега торчат суровые глыбы обледенелых, обветренных скал (*Тург.*).

◆◆

불완전문

문장의 어떤 성분이 생략되어 있지만, 이들이 이전 문장을 통하여 쉽게 알 수 있는 문장을 불완전 문장이라고 한다. 특히 구어체(대화체에서) 문장 성분이 자주 생략된다:

Где учится ваша сестра?
'당신의 누이는 어디서 공부하나요?'

— Моя сестра учится в университете.
'제 누이는 대학에서 공부합니다.'

— **А брат где?**
'그런데 동생은요?'

— **Брат в энергетическом институте.**
'남동생은 에너지 대학에서 공부합니다.'

첫 번 문장의 질문과 대답은 완전문이다. 이 문장 속에서는 문장의 모든 성분이 다 들어 있다. 두번 째 문장의 질문과 대답은 불완전문이다. 이 문장에는 술어(учится)가 생략되었다.

앞 문장이나 상황으로 쉽게 추측되는 단어는 문장에서 생략된다:

Кто пришёл?
'누가 왔어요?'

— **Сестра.** (술어생략)
'누이가요.'

Что он делает?
'그는 무엇을 하나요?'

— **Занимается.** (주어생략)
'작업하고 있어요.'

Куда она ушла?
'그녀는 어디로 떠났나요?'

— **В институт.** (주어와 술어 생략)
'대학으로요.'

Ты идёшь завтра в театр?
'너는 내일 극장에 갈거니?'

— **Иду.** (주어와 시간·장소 상황어 생략)
'갈거예요.'

연습문제 99 다음 문장을 읽고 불완전 문장을 지적하시오.

Часто прибегала Саша, всегда нахмуренная, всегда торопливая и, почему-то, всё более угловатая, резкая.

Как-то, когда Павел вышел в сени провожать её и не затворил дверь за собой, мать услыхала быстрый разговор:

— Вы понесёте знамя? — тихо спросила девушка.

— Я.

— Это решено?

— Да. Это моё право.

— Снова тюрьма.

Павел молчал.

— Вы не могли бы ... — начала она и остановилась.

— Что? — спросил Павел.

— Уступить другому ...

— Нет .... — громко сказал он.

— Подумайте, — вы такой влиятельный, вас любят! — Сколько можете вы сделать на свободе, — подумайте! А ведь за это вас сошлют, — далеко, надолго.

Матери показалось, что в голосе девушки звучат знакомые чувства — тоска и страх. И слова Саши стали падать ей на сердце, точно крупные капли ледяной воды.

— Нет, я решил! — сказал Павел. — От этого я не откажусь ни за что.

— Даже если я буду просить?..

Павел вдруг заговорил быстро и как-то особенно строго.

— Вы не должны так говорить, — что вы? Вы не должны!

— Я человек! — тихонько сказала она.

— Хороший человек, —тоже тихо, но как-то особенно, точно он задыхался, заговорил Павел. — Дорогой мне человек. И — поэтому ... не надо так говорить ...

— Прощай, — сказала девушка.

По стуку её каблуков мать поняла, что она пошла быстро, почти побежала.

연습문제 100 대화형식으로 된 짧은 이야기를 만드시오. 불완전 문장을 만드시오.

연습문제 101 여섯 개의 의문문을 만드시오. 두 문장은 의문사를 가지고 만들고, 두 문장은 의문사를 사용하지 않고 만들고, 두 문장은 의문 소사 ли를 가지고 만드시오. 불완전 문장 형식으로 대답하시오.

복문

복문은 둘 또는 그 이상의 단문으로 이루어져 있다:

Ветер разогнал тучи, и небо очистилось.
'바람이 먹구름을 흩어버렸고, 하늘은 맑아졌다.'

Ветер разогнал тучи, небо очистилось, и снова выглянуло солнце.
'바람이 먹구름을 흩어버렸고, 하늘은 맑아졌고, 그리고 다시 태양이 얼굴을 나타내었다.'

단문은 다음의 방법으로 복문으로 될 수 있다.

a) 접속사를 사용하지 않고 복문으로 될 수 있다:
Ветер разогнал тучи, небо очистилось.
'바람이 먹구름을 흩어버렸고, 하늘은 맑아졌다.'

b) 접속사에 의하여 복문으로 될 수 있다:
Небо очистилось, и снова выглянуло солнце.
'하늘은 맑아졌고, 그리고 다시 태양이 얼굴을 내밀었다.'

복문은 병립복문이나 종속복문으로 될 수 있다. 병립복문에서는 한 단문이 문법적으로 다른 문장에 종속되어 있지 않다:

Наступил вечер, в окнах зажглись огоньки.
'저녁 때가 되었고, 창에서 불이 켜지기 시작했다.'

Тает снег, бегут ручьи.
'눈이 녹아 시냇물이 흐르고 있다.'

Прозвенел звонок, и студенты вошли в аудиторию.
'벨이 울렸고, 학생들은 강의실 안으로 들어갔다.'

종속복문은 하나의 주절과 하나 또는 하나 이상의 종속절로 이루어져 있다. 주절은 다른 문장으로부터 종속되지 않는다. 종속절은 주절에 종속되어 있고 주절을 설명한다:

Газеты сообщают, что весенний сев уже начался.
'신문들은 봄 파종이 벌써 시작되었다고 보도하고 있다.'

문장 'Газеты сообщают'은 주절이고, 'что весенний сев уже начался'은 종속절이다. 이 복문에서는 종속절이 접속사 что에 의하여 주절에 연결되어 있다.

◆ 병립복문

병립 복문에서는 문장의 동종성분을 연결하는 동일한 접속사들이 사용된다. 이 접속사들을 병립 접속사라고 한다. 병립 접속사는 세 그룹으로 나누어진다.

1. 결합 접속사
2. 반의 접속사
3. 분리 접속사

◆◆ 결합 접속사 и, да, ни — ни

◆◆◆ 결합 접속사 и

접속사 и는 다음을 표시하는 문장을 연결한다:

1. 동시에 발생하는 행위:

Звенят трамваи, **и** гудят автомобили.
'전차가 덜커덩거리는 소리를 내고, 자동차가 빵빵거리는 소리를 낸다.'

Светило солнце, **и** шёл дождь.
'태양이 비추고 있었는데도 비가 왔다.'

2. 연속적으로 발생하는 행위:

Сверкнула молния, **и** загремел гром.
'번개가 번쩍이고 천둥소리가 울리기 시작했다.'

Дверь открылась, **и** в комнату вошёл незнакомый человек.
'문이 열리고 낯선 사람이 방 안으로 들어왔다.'

3. 원인과 결과:

Тает снег, **и** с гор бегут ручьи.
'눈이 녹아서 산에서 시냇물이 흐르고 있다.'

Чемодан был тяжёлый, **и** мальчик не мог поднять его.
'가방이 무거워서 소년이 그 가방을 들 수 없었다.'

Подул ветер, **и** деревья зашумели.
'바람이 불기 시작하자 나무들이 소리를 내기 시작하였다.'

◆◆◆

결합 접속사 да

Гремят тарелки и приборы, **да** рюмок раздаётся звон (*П.*).
'접시와 식기들이 짤그랑거리는 소리를 내고, 술잔이 부딪치는 소리가 들린다.'

결합 접속사 **да**는 접속사 **и**와 동일한 의미를 가지지만 결합되는 문장의 행위가 동시에 발생할 때에만 사용된다.

◆◆◆

결합 접속사 ни — ни

Ни я не послал ему письма, **ни** он мне не написал.
'나도 그에게 편지를 보내지 않았고, 그도 나에게 편지를 쓰지 않았다.'

접속사 **ни — ни**는 부정문을 결합하는데 사용된다. 그 문장을 접속사 **и**로 대체할 수 있다.

Я не послал ему письма, **и** он мне не написал.
'나는 그에게 편지를 보내지 않았고, 그리고 그는 나에게 편지를 쓰지 않았다.'

접속사 **ни — ни**는 부정을 강조한다.

◆◆

반의 접속사 но, а, же, да, однако

◆◆◆

반의 접속사 но

접미사 **но**는 두 번째 문장이 기대되는 것과 반대되는 내용을 내포하고 있는 그런 문장과 결합한다:

Вода была холодная, **но** мы решили купаться.
'물이 차가웠다. 그러나 우리는 수영하기로 했다.'

У меня был билет, **но** я не пошёл в театр.
'나는 표가 있었다. 그러나 나는 극장에 가지 않았다.'

Прозвенел звонок, **но** лекция ещё не кончилась.
'전화가 울렸다. 그러나 강의는 아직까지 끝나지 않았다.'

접속사 но와 и의 의미를 비교하시오:

Вода в реке была холодная, **но** мы решили купаться.
'강물은 차가웠지만, 우리는 수영하기로 했다.'

Вода в реке была холодная, **и** мы не стали купаться.
'강물은 차가웠다, 그래서 우리는 수영하지 않게 되었다.'

У меня был билет, **но** я не пошёл в театр.
'나는 표가 있었지만, 나는 극장에 가지 않았다.'

У меня был билет, **и** я пошёл в театр.
'나는 표가 있었다, 그래서 나는 극장에 갔다.'

Прозвенел звонок, **но** лекция не кончилась.
'벨이 울렸지만, 강의는 끝나지 않았다.'

Прозвенел звонок, **и** лекция кончилась.
'벨이 울렸다, 그래서 강의는 끝났다.'

◆◆◆

반의 접속사 a

접속사 a는 의미상 서로 대조되거나 한 문장이 또 다른 문장과 대조되는 문장을 연결시킨다.

Я студент, **а** он аспирант.
'나는 대학생이고, 그는 대학원생이다.'

Мы пошли в театр, **а** они пошли в кино.
'우리는 극장에 갔고, 그들은 영화관에 갔다.'

Все ушли, **а** я остался дома.
'모두들 떠났지만 나는 집에 남았다.'

Не я помогал ему, **а** он помогал мне.
'내가 그를 도운 것이 아니라, 그가 나를 도왔다.'

접속사 a와 и의 의미를 서로 비교하시오:

Я студент, **а** он аспирант.
'나는 대학생이지만, 그는 대학원생이다.'

Я студент, **и** он студент.
'나는 대학생이고, 그도 대학생이다.'

Мне 20 лет, **а** ему 25 лет.
'나는 스무살이지만, 그는 스물 다섯살이다.'

Мне 20 лет, **и** ему (тоже) 20 лет.
'나는 스무살이고, 그도 스무살이다.'

Сестра пишет письмо, а брат читает книгу.
'자매는 편지를 쓰지만, 형제는 책을 읽는다.'

Сестра пишет письмо, и брат (тоже) пишет письмо.
'자매는 편지를 쓰고, 형제도 편지를 쓴다.'

Мы пошли в театр, **а** они пошли в кино.
'우리는 극장에 갔지만, 그들은 영화관에 갔다.'

Мы пошли в театр, **и** они (тоже) пошли в театр.
'우리는 극장에 갔고, 그들도 극장에 갔다.'

Все ушли, **а** я остался дома.
'모두 떠났지만, 나는 집에 남아 있었다.'

Все ушли, **и** я (тоже) пошли в театр.
'모두 떠났고, 나도 극장으로 출발했다.'

접속사 **и, но, а**의 의미를 비교하시오.

Эта река широкая, **но** переплыть её легко.
'이 강은 넓다, 그러나 그 강을 건너기가 쉽다.'

Эта река широкая, **и** переплыть её трудно.
'이 강은 넓다, 그래서 그 강을 건너기가 어렵다.'

Эта река широкая, **а** та река узкая.
'이 강은 넓지만, 저 강은 좁다.'

В его комнате темно, **и** он давно спит.
'그의 방은 어둡다, 그래서 그는 오랫동안 잔다.'

В его комнате темно, **но** он не спит.
'그의 방은 어둡다, 그러나 그는 잠을 자지 않는다.'

В его комнате темно, **а** в соседней комнате горит свет.
'그의 방은 어둡지만, 이웃 방에는 불이 켜져 있다.'

Там было тепло, **и** я согрелся.
'그곳은 따뜻했다. 그래서 나는 몸을 녹이고 있었다.'

Там было тепло, **но** мне было холодно.
'그곳은 따뜻했다. 그러나 나는 추웠다.'

Там было тепло, **а** здесь холодно.
'그곳은 따뜻했지만, 이곳은 춥다.'

Эта книга интересная, **и** я её обязательно прочитаю.
'이 책은 재미있다. 그래서 나는 꼭 이 책을 다 읽을거다.'

Эта книга интересная, **но** у меня нет времени читать её.
'이 책은 재미있다. 그러나 나는 책을 읽을 시간이 없다.'

Эта книга интересная, **а** та книга была скучная.
'이 책은 재미있지만, 저 책은 지루했다.'

Вчера погода была хорошая, **и** мы гуляли.
'어제 날씨가 좋았다. 그래서 우리는 산책했다.'

Вчера погода была хорошая, **но** мы не гуляли.
'어제 날씨가 좋았다. 그러나 우리는 산책하지 않았다.'

Вчера погода была хорошая, **а** сегодня идёт дождь и дует холодный ветер.
'어제 날씨가 좋았지만, 오늘은 비가 오고 차가운 바람이 분다.'

◆◆◆

반의 접속사 же

Наверху неистовствовала пурга, здесь **же** снег падал тихо, ветер дул относительно спокойно (*Аж.*).
'위쪽에는 눈보라가 지쳐 날뛰듯이 오고 있었지만, 이곳에는 눈이 조용히 내렸고, 바람도 비교적 조용히 불었다.'

접속사 **же**는 대조될 때 접속사 **а**와 같이 사용된다.

◆◆◆

반의 접속사 да

Я давно собирался зайти к тебе, **да** всё времени не было.
'나는 오래 전부터 너에게 들리려고 하였지만, 늘 시간이 없었다.'

Близок локоть, **да** не укусишь (*Посл.*).
'등잔 밑이 어둡다.'

반의 접속사 **да**는 접속사 **но**와 동의어이다. 그러나 드물게 사용되고 보통 구어체나 속담에서 사용된다.

◆◆◆

반의 접속사 однако

Луна светила очень сильно, **однако** её свет с трудом пробивал туман (Кат.).
'달은 매우 밝게 빛나고 있었지만 달빛은 간신히 안개를 뚫고 지나갈 정도였다.'

접속사 **однако**는 접속사 **но**의 의미로 사용된다.

◆◆

분리 접속사 то — то, или (иль), либо, не то — не то

◆◆◆

분리 접속사 то — то

Вчера мне весь день мешали работать: **то** кто-нибудь входил в мою комнату, **то** звонил телефон.
'어제 온종일 내가 일하는 것을 방해했다: 누군가가 내 방 안으로 들어오기도 했고, 전화벨이 울리기도 했다.'

접속사 **то — то**는 문장의 행위가 교차되는 그런 문장을 연결시킨다.

◆◆◆

분리 접속사 или

Или ты ко мне приедешь, **или** я приеду к тебе.
'네가 나에게 오든지 아니면 내가 너에게 갈 것이다.'

Выступит хор, **или** танцевальная группа исполнит народный танец.
'합창단이 출연하든지, 아니면 무용단이 민속춤을 출 것이다.'

접속사 или는 어떤 발언이 또 다른 발언을 배제시킬 때 사용된다.

◆◆◆

분리 접속사 либо

접속사 **либо**는 접속사 **или**와 동의어이다.

Либо ты ко мне приедешь, **либо** я приеду к тебе.
'네가 나에게 오든지 아니면 내가 너에게 갈 것이다.'

◆◆◆

분리 접속사 не то — не то

Не то ветер захлопнул дверь, **не то** кто-то вошёл с улицы.
'때로는 바람이 문을 꽝 닫기도 했고, 때로는 누군가가 밖에서 들어오기도 했다.'

접속사 **не то — не то**는 접속사 **или**와 의미가 유사하지만, 부정확한 뉘앙스를 가진다. 접속사 **не то — не то**는 쌍의 접속사이다.

문장을 연결하는 병립 접속사 앞에는 항상 쉼표를 찍는다.

■ [주] 병립복문의 접속사 и 앞에서는 만약 두 문장에 공통으로 관계되는 공통 이차성분이 있으면 쉼표를 치지 않는다. **За рекой** сверкают огни и раздаются песни. '강 너머에서 불이 반짝이고 노래 소리가 울린다.'; **В полдень** тучи рассеялись и выглянуло солнце. '한낮에 먹구름이 흩어졌고 태양이 그 모습을 내밀었다.'

연습문제 102 다음 단문을 가지고 복문을 만드시오.

보기: Мы пришли на станцию рано.
a) Поезд уже ушёл. b) Они пришли поздно.
Мы пришли на станцию рано, но поезд уже ушёл.
Мы пришли на станцию рано, а они пришли поздно.

1. Мне трудно было выполнить это поручение.
   a) Я его выполнил. b) Я его не выполнил. c) Ему легко было это сделать.
2. Он давно занимается русским языком.
   a) В его речи есть ошибки. b) В его речи нет ошибок. c) Я начал изучать русский язык недавно.
3. Тучи покрыли небо.
   a) Дождя не было. b) Пошёл дождь.
4. Светило солнце.
   a) Было холодно. b) Было тепло.
5. Та задача была лёгкая.
   a) Эта задача трудная. b) Он решил её. c) Он не решил её.
6. Дверь открылась.
   a) Никто не вошёл. b) Вошёл незнакомый человек.

연습문제 103 단문으로 의미상 적당한 접속사를 사용하여 복문으로 만드시오.

보기: Эта книга интересная. У меня нет времени её прочитать.
Эта книга интересная, но у меня нет времени её прочитать.

1. Небо начинало темнеть. Загорались звёзды.
2. Солнце зашло за горы. Было ещё светло.
3. Стало холодно. Мы поспешили домой.
4. Днём было жарко. Ночью был мороз.
5. На улице шёл дождь и было холодно. В доме было тепло и уютно.
6. Шёл дождь, дул неприятный сырой ветер. Мне не хотелось выходить из дома.
7. Наступил вечер. Было очень жарко.
8. Погода была плохая. Мы решили отложить лыжные соревнования.
9. На другой день погода была хорошая. Лыжные соревнования опять не состоялись.
10. Друг звал меня с собой за город. Я был занят и отказался.
11. Мой друг живёт в центре города. Я живу на окраине.
12. Мой брат — студент. Моя сестра ещё школьница.
13. Мне хотелось читать. Все книги были прочитаны. Мне было скучно.

14. Было поздно. Работа продолжалась.
15. Я устал. Нужно было продолжать работу.
16. Все очень устали. Пришлось устроить перерыв.
17. Все отдыхали. Он продолжал работать.
18. Этот дом большой и новый. Тот дом старый и маленький.
19. Мы долго стучали. Никто не открыл нам дверь.
20. Он повернул налево. Я пошёл прямо.
21. Студент много работал над докладом. Доклад получился интересный.
22. Я сказал ему об этом. Он забыл.
23. Он преодолел первые трудности. Теперь ему легко работать.
24. Друзья были уже готовы. Он всё ещё собирался.
25. Справа был лес. Слева была река.

연습문제 104 다음 문장을 읽고 병립 접속사의 의미를 설명하시오.

1. Солнце уже довольно высоко стояло на чистом небе, но поля ещё блестели росой (*Тург.*).
2. Плывём долго. Глаз жадно ищет огонька, однако каждый поворот реки обманывает наши надежды (*Кор.*).
3. В комнату ворвался сильный ветер, и бумаги полетели со стола (*Чех.*).
4. Много других примеров мне в голову приходит, да всего не перескажешь (*Тург.*).
5. Глаза его читали, но мысли были далеко (*П.*).
6. Прежде в грустные минуты он успокаивал себя всякими рассуждениями, теперь же ему было не до руссуждений (*Чех.*).
7. Окна открыты, и на свет свечи залетают серые бабочки (*Пауст.*).
8. Гости сидели тесным кружком у стола, а Наташа, с книжкой в руках, поместилась в углу, под лампой (*М.Г.*).
9. Мир освещается солнцем, а человек — знанием (*Посл.*).
10. Скоро сказка сказывается, да не скоро дело делается (*Посл.*).

연습문제 105 접속사 и, ни — ни, а, но, однако, же, то — то, или, либо, не то — не то를 가지고 병립복문을 만드시오.

연습문제 106 접속사 и 앞에 필요하다고 생각되는 곳에 쉼표를 치고, 문장의 주성분에 밑줄을 치시오.

1. С каждой минутой становилось всё светлее и вдруг яркие солнечные лучи снопом вырвались из-за гор и озарили весь лес (*Арс.*).
2. Солнце уже скрылось и ночные тени быстро надвигались со стороны леса (*Л.Т.*).
3. Море отражало огни фонарей и было усеяно массой жёлтых пятен (*М.Г.*).
4. Между тем луна начала одеваться тучами и на море поднялся туман (*Л.*).
5. За Днепром синеют леса и мелькает прояснившееся ночное небо (*Гайд.*).
6. Прошло около часа. Зелёный огонь погас и не стало видно теней. Луна уже стояла высоко над домом и освещала спящий сад, дорожки; георгины и розы в цветнике перед домом были отчётливо видны и казались все одного цвета. Становилось очень холодно. Я вышел из сада и не спеша побрёл домой (*Чех.*).

연습문제 107 다음 문장을 읽고 접속사 и의 사용법을 설명하시오. 어떤 경우에 접속사 и로 결합되어 있는 문장의 행위가 동시에 발생하는 것을 나타내고, 어떤 경우에 연속적으로 발생하는 것을 나타내고, 어떤 경우에 결합되어 있는 문장이 원인과 결과를 나타내는지 지적하시오.

1. Мне нужна попутная машина, и я не свожу глаз с дороги (*Ант.*).
2. Ветки цветущих черешен смотрят мне в окно, и ветер иногда усыпает мой письменный стол их белыми лепестками (*Л.*).
3. Душно стало в сакле, и я вышел на воздух освежиться. Ночь уже ложилась на горы, и туман начинал бродить по ущельям (*Л.*)
4. Блестело море, всё в ярком свете, и грозно волны о берег бились (*М.Г.*).
5. Заря уже давно погасла, и едва белел на небосклоне её последний след (*Тург.*).
6. Прозрачный лес один чернеет, И ель сквозь иней зеленеет, И речка подо льдом блестит (*П.*).

◆

종속복문

종속절은 주절의 성분들 중의 한 성분에 관계될 수 있다.

예를 들어, Мне сказали, что твой брат скоро приедет. '너의 형제가 곧 도착할 것이라고 나에게 말했어.'라는 문장에서 주절의 술어 동사 сказали에 관계되는 보어성분을 종속절로 펼쳐놓은 것이다. Я принёс тебе то, что ты просил. '나는 너가 요청했던 것을 너에게 가져왔어.'라는 문장에서 종속절은 주절의 보어(то)의 내용을 종속절로 펼쳐놓은 것이다. Кто ищет, тот всегда найдёт. '찾는 자가 항상 찾을 것이다.'의 문장에서 종속절은 주절이 주어(тот)의 내용을 종속절로 펼쳐 놓은 것이다. Мы пошли по той дороге, которая вела в поле. '우리들은 들판으로 뻗어 있었던 그 길을 따라 걷기 시작했다.'의 문장에서 종속절은 한정어(той)의 내용을 종속절로 펼쳐 놓은 것이다.

종속절은 주절의 어떤 성분에 관계되는 것이 아니라 문장에 관계될 수 있다.

Когда мы возвращались домой, было уже темно.
'우리가 집으로 돌아갔을 때, 이미 어두웠다.'

종속절은 '언제 어두워졌느냐'에 대한 대답일 수 있다.

Мы спешили, потому что было уже поздно.
'이미 늦었기 때문에 우리는 서둘렀다.'

종속절은 '무엇 때문에 서둘렀느냐'에 대한 대답일 수 있다. 종속절은 1) 접속어, 2) 종속 접속사에 의하여 주절과 연결되어 있다.

1. 접속어는 관계 대명사(кто, что, который, какой, чей)과 관계부사(где, куда, откуда)이다.

Студенты, **которые** сдали экзамены, уже уехали отдыхать.
'시험을 쳤던 학생들은 이미 쉬러 떠났다.'

이 예문에서 관계 대명사 которые는 접속어이고, 종속절에서 주어이다.

Я принёс то, **что** ты просил.
'나는 너가 요청하였던 것을 가져왔다.'

이 예문에서 관계대명사 что는 접속어이고, 종속절에서 직접보어이다.

Мы пойдём туда, **где** нас ждут друзья.
'우리는 친구들이 우리를 기다리는 곳으로 갈 것이다.'

이 예문에서 관계부사 где는 접속어이고, 종속절에서 장소의 상황어이다.

2. 종속 접속사(что, чтобы, если, хотя 등)는 접속어와는 달리 문장 성분이 아니다. 이들은 주절과 종속절의 관계를 위해서만 쓰인다.

Сестра написала, **что** она приедет в понедельник.
'누이는 월요일에 도착할 것이라고 썼다.'

Сестра просила, **чтобы** её встрелил кто-нибудь из нас.
'누이는 우리 중에 누군가가 누이를 맞이하도록 요청했다.'

Мы спешили, **потому что** был уже поздно.
'우리는 이미 늦었기 때문에 서둘렀다.'

■ [주] 단어 что는 어떤 문장에서는 접속사가 되고, 어떤 문장에서는 접속어가 될 수 있다: Я видел, что он принёс. '나는 그가 가져왔던 것을 보았다.' (что는 접속어로 동사 принёс에 걸리는 보어이다.); Я видел, что он принёс книги. '나는 그가 책을 가져왔던 것을 보았다.' (что는 접속사이고 문장성분이 아니다.)

주절에서 지시어(지시 대명사 тот, такой 또는 지시 부사 там, туда, оттуда, тогда)가 올 수 있다:

Кто весел, **тот** смеётся.
'즐거운 자가 웃는다.'

Дай мне посмотреть **те** книги, которые ты принёс.
'네가 가져왔던 책들을 보여주라.'

Он не пришёл **тогда**, когда все его ждали.
'그는 모든 사람들이 그를 기다렸던 그 때에 도착하지 않았다.'

Мы пойдём **туда**, где нас ждут.
'우리는 우리를 기다리는 곳으로 갈 것이다.'

지시어는 접속사와 접속어와 상관을 이룬다: тот..., который..., кто... то..., что..., такой..., какой..., тогда..., когда...,

◆◆

보어적 종속절을 가진 종속복문

보어적 종속절은 사격의 질문에 대답한다. 보어적 종속절은 주절의 항들 중 하나, 무엇보다도 자주 술어에 대한 보어로 된다. 그리고 대명사로 표현된 주절의 보어의 내용을 펼친다.

Он понимает, **что ему одному будет трудно выполнить эту работу**. '그는 그 자신이 혼자서 이 일을 수행하기 어렵다는 것을 이해한다.'

위의 문장은 Что он понимает? '그는 무엇을 이해하나?'에 대한 답변이라고 할 수 있다.

Он хочет, **чтобы друзья помогли ему**.
'그는 친구들이 그를 도와주기를 원한다.'

위의 문장은 Что он хочет? '그는 무엇을 원하느냐?'에 대한 답변이라고 할 수 있다. 이 예문에서 종속절은 주절의 술어(понимает, хочет)에 대한 보어이다.

Он не выполнил того, **что ему поручили**.
'그는 그에게 위임하였던 것을 수행하지 못했다.'
(Чего он не выполнил? '그는 무엇을 수행하지 못했나?')

Надо сообщить об этом каждому, **кто участвует в этой работе**.
'이 일에 참석하는 모든 자에게 이것을 알려야 한다.'

(Кому надо сообщить об этом? '누구에게 이것을 알려야하나?')

이 예문에서 종속절은 주절의 보어(того, каждому)의 내용을 펼친 것이다.

◆◆

주어적 종속절을 가진 종속복문

주어적 종속절은 주절의 술어에 대한 주어로 되고 그리고 대명사로 표현되어져있는, 주절의 주어의 내용을 펼친다.

Чувствовалось, **что приближается весна**.
'봄이 다가오고 있는 것이 느껴졌다.'

위의 문장은 Что чувствовалось? '무엇이 느껴졌나?'에 대한 답변이라고 할 수 있다.

Стало ясно, **что мы заблужились**.
'우리가 길을 잃었음이 분명하게 되었다.'

위의 문장은 Что стало ясно? '무엇이 분명하게 되었느냐?'에 대한 답변이라고 할 수 있다. 이 문장에서 종속절은 주절의 술어(чувствовалось, стало ясно)에 대한 주어이다.

Случилось то, **чего никто не ожидал**.
'어느 누구도 기대하지 않았던 것이 발생하였다.'

위의 문장은 Что случилось? '무엇이 발생하였느냐?'에 대한 답변이라고 할 수 있다.

Этой работой может руководить только тот, **кто имеет большой опыт**. '많은 경험이 있는 사람만이 이 일을 지도할 수 있다.'

위의 문장은 Кто может руководить этой работой? '누가 이 일을 지도할 수 있느냐?'에 대한 답변이라고 할 수 있다.

이 예문에서 종속절은 주절의 주어(то, тот)의 내용을 펼친다.

◆◆

보어적 종속절 또는 주어적 종속절의 접속사

주어적 종속절 또는 보어적 종속절은 다음의 접속사에 의하여 주절에 연결된다: **что, чтобы, как, будто (будто бы), ли, как бы не**

◆◆◆

접속사 что

접속사 **что**를 가진 종속복문은 일반적으로 전달, 사고, 감정, 감각의 의미를 가진 단어로 표현되는 주절의 술어에 관계된다. 종속절은 통보, 사고, 감각의 내용을 펼친다:

Староста **сообщил** нам, **что** зачёт по химии будет через неделю.
'반장은 화학 패스 시험이 일주일 후에 있을 것이라고 알려주었다.'

Я **думаю, что** все студенты нашей группы хорошо сдадут экзамены. '나는 우리 반의 모든 학생들이 시험을 잘 칠 것이라고 생각한다.'

Мы **рады, что** ты хорошо сдал экзамен.
'우리는 네가 시험을 잘 쳤다니 기쁘다.'

Странно, что он не прислал ни одного письма.
'그가 편지 한 통 보내지 않았다니 이상하다.'

접속사 что를 가진 종속절이 관계되는 술어의 역할로는 다음의 것들이 쓰일 수 있다:

a) 통보, 발언, 사고, 감정, 지각의 의미를 가진 동사
(говорить '말하다', сообщать '전달하다', заявлять '표명하다', думать '생각하다', понимать '이해하다', оказаться '판명되다', радоваться '기뻐하다', радовать '기쁘게 하다', удивляться '놀라다', удивлять '놀라게 하다', знать '알다', видеть '보다', слышать '듣다', замечать '눈치채다', чувствовать '느끼다', нравиться

'마음에 들다' 등):

Друзья **сказали** мне, что завтра будет собрание.
'친구들은 내일 모임이 있을 것이라고 나에게 말했다.'

위의 문장은 Что сказали мне друзья? '친구들이 나에게 무엇을 말했느냐?'에 대한 답변이라고 할 수 있다.

Я **знаю**, что завтра будет собрание.
'나는 내일 모임이 있을 것이라는 것을 안다.'

위의 문장은 Что я знаю? '내가 무엇을 아느냐?' 또는 О чём я знаю? '내가 무엇에 관하여 아느냐?'에 대한 답변이라고 할 수 있다.

Я **слышал**, что будет собрание.
'내가 모임이 있을 것이라는 것을 들었다.'

위의 문장은 Что я слышал? '내가 무엇을 들었느냐?' 또는 О чём я слышал? '내가 무엇에 관하여 들었느냐?'에 대한 답변이라고 할 수 있다.

Мы **удивились**, что ты так рано вернулся.
'우리는 네가 그렇게 일찍 돌아왔다는 것에 놀랐다.'

위 문장은 Чему мы удивились? '우리는 무엇에 놀랐느냐?'에 대한 답변이라고 할 수 있다.

Нас **удивило**, что ты так рано вернулся.
'네가 그렇게 일찍 돌아왔다는 것이 우리를 놀라게 했다.'

위의 문장은 Что нас удивило? '무엇이 우리를 놀라게 했느냐?'에 대한 답변이라고 할 수 있다.

Мне **нравится**, что он всегда выполняет свои обещания.
'그는 항상 자신의 약속을 이행한다는 것이 내 마음에 든다.'

위의 문장은 Что мне нравится? '무엇이 당신의 마음에 드세요?'에 대한 답변이라고 할 수 있다.

b) 단어미 형용사
(рад '기쁘다', счастлив '행복하다', доволен '만족한다', виноват '잘못이다', уверен '확신한다' 등):

Дети **рады**, что отец вернулся.
'아이들은 아버지가 돌아온 것을 기뻐한다.'

위의 문장은 Чему рады дети? '아이들이 무엇을 기뻐하느냐?'에 대한 답변이라고 할 수 있다.

Мать **довольна**, что сын поступил в институт.
'어머니는 아들이 대학에 입학한 것에 만족한다.'

위의 문장은 Чем довольна мать? '어머니는 무엇을 만족하시나?'에 대한 답변이라고 할 수 있다.

Ты **виноват**, что мы опоздали.
'너는 우리가 지각했던 것에 책임이 있다.'

위의 문장은 В чём ты виноват? '너는 무엇에 책임이 있나?'에 대한 답변이라고 할 수 있다.

Все **уверены**, что он хорошо выполнит поручение.
'모두는 그가 위임한 것을 잘 수행하고 있다는 것을 확신한다.'

위의 문장은 В чём все уверены? '모두는 무엇을 확신하느냐?'에 대한 답변이라고 할 수 있다.

c) 서술부사와 중성형태의 형용사 단어미
(приятно '즐겁다', видно '명백하다', слышно '들린다', жаль '유감이다', заметно '현저하다', смешно '우습다', страшно '두렵다', странно '이상하다', известно '알려져 있다', ясно '분명하다', понятно '명료하다', удивительно '놀랍다' 등)

Приятно, что друзья меня помнят.
'친구들이 나를 기억해 주는 것이 기쁘다.'

위의 문장은 Что приятно? '무엇이 기쁘냐?'에 대한 답변이라고 할 수 있다.

Видно, что ему трудно работать.
'그가 일하는 것이 어렵다는 것이 명백하다.'

위의 문장은 Что видно? '무엇이 명백하냐?'에 대한 답변이라고 할 수 있다.

Ясно, что надо продолжать работу.
'일을 계속해야 할 필요가 있다는 것이 분명하다.'

위의 문장은 Что ясно? '무엇이 분명하냐?'에 대한 답변이라고 할 수 있다.

Жаль (жалко), что вы уезжаете.
'당신이 떠나는 것이 슬프다.'

위의 문장은 Что жалко? '무엇이 슬프냐?'에 대한 답변이라고 할 수 있다.

d) 피동형동사 단어미
(сказано '언급되어 있다', объявлено '공고되어 있다', доказано '증명되어 있다', написано '쓰여 있다', замечено '지적되어 있다' 등)

В объявлении **было сказано**, что защита диссертации состоится в понедельник. '공고에는 학위논문 방어가 월요일에 있을 것이라는 것이 언급되어 있었다.'

위의 문장은 Что было сказано в объявлении? '공고에는 무엇이 언급되어 있었느냐?'에 대한 답변이라고 할 수 있다.

Было объявлено, что собрание переносится на пятницу.
'모임이 금요일로 연기된다고 공고되어 있었다.'

위의 문장은 Что было объявлено? '무엇이 공고되어 있었느냐?'에 대한 답변이라고 할 수 있다.

◆◆◆

접속사 чтобы

접속사 **чтобы**를 가진 종속절은 소망, 지향, 요청, 요구, 명령 등의 의미를 가진 단어로 표현된 주절의 술어에 관계된다:

Я **хочу, чтобы** вы меня правильно поняли.
'당신이 나를 바르게 이해해 주었으면 한다.'

Учитель **требует, чтобы** ученики были внимательны.
'선생님은 학생들이 주목해줄 것을 요구한다.'

Нужно, чтобы все участвовали в этой работе.
'모두 이 일에 참가할 필요가 있다.'

접속사 чтобы를 가진 종속절이 관계되는 술어의 역할로 다음의 것들이 사용될 수 있다:

a) 소망, 요청, 지향, 명령 등의 의미를 가진 동사

(**хотеть** '원하다', **желать** '바라다', **требовать** '요구하다', **стремиться** '지향하다', **бороться** '투쟁하다', **заботиться** '염려하다', **просить** '요구하다', **приказывать** '지시하다', **велеть** '명령하다' 등):

Я **хочу**, чтобы вы ответили на этот вопрос.
'나는 당신이 이 질문에 대답하기를 원한다.'

위의 문장은 Чего я хочу? '나는 무엇을 원하느냐?'에 내힌 답변이라고 할 수 있다.

Друг **просил**, чтобы я дал ему свои конспекты.
'친구는 내기 그에게 자신의 줄거리를 줄 것을 요청했다.'

위의 문장은 О чём просил друг? '친구는 무엇을 요청했느냐?'에 대한 답변이리고 할 수 있다.

Она **заботилась**, чтобы в доме всегда был порядок.
'그녀는 집안이 항상 정돈되어 있도록 배려했다.'

위의 문장은 О чём она заботилась? '그녀는 무엇을 배려했느냐?'에 대한 답변이라고

할 수 있다.

b) 행위의 필요 또는 소망을 표현하는 서술부사

(нужно '필요하다', надо '필요하다', необходимо '반드시 해야 한다', желательно '바라다'):

Нужно (надо), чтобы стенгазета была готова к субботе.
'벽보는 토요일에 준비되어야 한다.'

위의 문장은 Что нужно? '무엇이 준비되어야 하나?'에 대한 답변이라고 할 수 있다.

Необходимо, чтобы на собрании присутствовали все.
'모임에 모두가 참석하는 것이 꼭 필요하다.'

위의 문장은 Что необходимо? '무엇이 꼭 필요하냐?'에 대한 답변이라고 할 수 있다.

c) 중성형태를 하고 있는 피동형동사 단어미

(велено '명령되었다', приказано '지시되었다'):

Приказано, чтобы все собрались к девяти утра.
'아침 9시경에 모두 집합하도록 지시되었다.'

위의 문장은 Что приказано? '무엇이 지시되었냐?'에 대한 답변이라고 할 수 있다.

몇몇 단어(сказать '말하다', написать '쓰다', предупредить '예고하다'; сказано '언급되다', написано '쓰여져 있다', важно '중요하다', интересно '흥미롭다' 등) 뒤에는 что 뿐만 아니라 чтобы도 올 수 있는데 이 경우에 이 접속사의 사용 여부에 따라서 문장의 의미가 달라진다. 다음 문장을 비교하시오:

Он сказал, **что** друзья пришли. '그는 친구들이 도착했다고 말했다.'	Он сказал, **чтобы** друзья пришли. '그는 친구들이 도착했으면 한다고 말했다.'
В телеграмме было сказано, **что** он приехал. '전보에는 그가 왔다고 언급되어 있었다.'	В телеграмме было сказано, **чтобы** он приехал. '전보에는 그가 왔으면 한다고 언급되어 있었다.'

Важно, **что** все это поняли.
'모두가 이것을 이해했다는 것이 중요하다.'

Важно, **чтобы** все это поняли.
'모두가 이것을 이해해 주는 것이 중요하다.'

접속사 **что**를 가진 문장에는 사실에 관한 정보가 표현되어 있고, 접속사 **чтобы**를 가진 문장에는 소망이나 요청이 표현되어 있다.

연습문제 108 다음 문장을 읽고 접속사 что와 чтобы의 사용법을 설명하시오.

1. Я думал, что погода будет плохая.
2. Утром я увидел, что солнце ярко светит.
3. Я узнал, что продаётся новый учебник.
4. Друг хочет, чтобы я купил ему учебник.
5. Я обещал другу, что куплю ему учебник.
6. Сестра написала мне, что скоро приедет.
7. Сестра просила, чтобы я её встретил.
8. Мы читали в газетах, что в этом году урожай хороший.
9. Врач сказал, что больной должен лежать.
10. Врач сказал, чтобы больной лежал.
11. Нужно, чтобы больной принимал это лекарство.
12. Странно, что он до сих пор не вернулся домой.
13. Необходимо, чтобы врач приехал сегодня.

연습문제 109 밑줄로 되어 있는 부분에 접속사 что 또는 чтобы를 넣으시오.

1. Я хотел, ______ мои друзья скорее вернулись из дома отдыха.
2. Я сегодня узнал, ______ мои друзья вернулись из дома отдыха.
3. Она почувствовала, ______ очень устала и не может продолжать работу.
4. Надо, ______ вы отдохнули и потом продолжали работу.
5. Из этого письма я узнал, ______ моя сестра поступила в университет.
6. Мать всегда хотела, ______ сестра поступила в университет.
7. Преподаватель попросил студентов, ______ они ещё раз прочитали текст.
8. Преподаватель сказал студентам, ______ они должны ещё раз прочитать текст.
9. Мы рады, ______ ты хорошо сдал экзамен.
10. Мы все хотели, ______ ты хорошо сдал экзамен.
11. Соседка сказала, ______ ко мне приходил кто-то.
12. Я попросил моего друга, ______ он пришёл ко мне.

13. Нужно, ______ вы меня правильно поняли.
14. Я думаю, ______ вы меня правильно поняли.
15. Все хотят, ______ завтра была хорошая погода.
16. Все довольны, ______ вчера была хорошая погода.

연습문제 110 접속사 что를 чтобы로 바꾸고, 문장의 의미가 어떻게 바뀌는지 설명하시오.

1. Друзья сказали, что ты написал статью для стенгазеты.
2. Мать написала, что сестра приехала к ней.
3. Он ещё раз повторил, что ему принесли эти книги.
4. Она позвонила по телефону и сказала, что все друзья собрались у неё.
5. Врач сказал, что больной принимал это лекарство.
6. Мой друг сказал мне, что я дал ему интересную книгу.
7. Важно, что работа была закончена в срок.

연습문제 111 주절에서는 주어진 단어를 사용하고 종속절에서는 필요한 접속사 что 또는 чтобы를 사용하여 종속복문을 만드시오.

1. знать, понимать, заботиться, требовать, удивиться, хотеть, чувствовать
2. рад, виноват, уверен, доволен
3. нравиться, чувствоваться, казаться, оказаться, потребоваться
4. ясно, нужно, жаль, желательно, решено, приказано, удивительно, известно

연습문제 112 단문을 복문으로 바꾸시오.

A.

보기: Друг понял ошибочность своего мнения.
Друг понял, что его мнение ошибочно.

1. Опыты подтвердили правильность первого предположения.
2. Все признают необходимость критики и самокритики.
3. Инженер доказал целесообразность применения нового метода.

B.

보기: Все рады наступлению весны.
Все рады, что наступила весна.

1. Я надеюсь на помощь друзей.
2. Мы верим в победу сил мира.
3. Мать удивилась раннему возвращению сына.

4. Дети обрадовались приезду отца.
5. Я не знал о его возвращении.

C.

보기: Он попросил помощи у друзей.
Он попросил, чтобы друзья ему помогли.

1. Мы должны добиться хорошей сдачи экзаменов всеми студентами нашей группы.
2. Мы приложили все силы к досрочному выполнению плана.
3. Мы будем стремиться к установлению дружественных отношений со всеми странами.

◆◆

접속사 что와 чтобы를 가진 종속절에서 동사 시제의 사용

접속사 **чтобы**를 가진 종속절의 술어는 종속절에서 언급되어 있는 행위가 발생한 시점과 관계없이 과거시제 형태의 동사에 의하여 표현된다.

Нужно, чтобы вы всегда **начинали** работу в 9 часов.
'당신은 항상 9시에 일을 시작할 필요가 있다.'

Нужно, чтобы вы завтра **начали** работу в 9 часов.
'당신은 내일 9시에 일을 시작할 필요가 있다.'

Нужно было, чтобы вы вчера **начали** работу в 9 часов.
'당신은 어제 9시에 일을 시작할 필요가 있다.'

접속사 что를 가진 종속절의 동사는 현재, 과거, 미래시제 형태를 가질 수 있다, 그러나 접속사 что를 가진 종속절에서 술어 동사의 시제는 주절에서 술어동사의 시제에 종속되어 있지 않다:

В своём письме он **сообщает**, что дела **идут** хорошо.
'그는 자신의 편지에서 일이 잘 되고 있다고 알리고 있다.'

В своём письме он **сообщил**, что дела **идут** хорошо.
'그는 자신의 편지에서 일이 잘 되고 있다고 알렸다.'

В своём письме он **сообщит**, что дела **идут** хорошо.
'그는 자신의 편지에서 일이 잘 되고 있다고 알릴 것이다.'

В своём письме он **сообщает**, что он скоро **закончит** свою работу.
'그는 자신의 편지에서 그는 곧 자신의 일을 마칠 것이라고 알리고 있다.'

В своём письме он **сообщил**, что он скоро **закончит** свою работу.
'그는 자신의 편지에서 그는 곧 자신의 일을 마칠 것이라고 알렸다.'

В своём письме он **сообщит**, что он скоро **закончит** свою работу.
'그는 자신의 편지에서 그는 곧 자신의 일을 마칠 것이라고 알릴 것이다.'

В своём письме он **сообщает**, что работа уже **закончена**.
'그는 자신의 편지에서 일이 이미 이미 끝났다고 알리고 있다.'

В своём письме он **сообщил**, что работа уже **закончена**.
'그는 자신의 편지에서 일이 이미 이미 끝났다고 알렸다.'

В своём письме он **сообщит, что** работа уже **закончена**.
'그는 자신의 편지에서 일이 이미 이미 끝났다고 알릴 것이다.'

종속절에서 술어의 현재시제는 주절과 종속절의 행위가 동시에 발생하는 것을 나타낸다. 주절의 술어는 이 때 현재, 과거, 미래 모두 될 수 있다.

Я **чувствую**, что ему не **нравится** мой ответ.
'나는 그가 나의 대답을 마음에 들어하지 않는다는 것을 느낀다.'

Я **чувствовал**, что ему не **нравится** мой ответ.
'나는 그가 나의 대답을 마음에 들어하지 않는다는 것을 느꼈다.'

Она **говорит**, что она **занята** и поэтому **не может пойти** в театр.
'그녀는 그녀가 바빠서 극장에 갈 수 없다고 말한다.'

Она **сказала**, что она **занята** и поэтому **не может пойти** в театр.
'그녀는 그녀가 바빠서 극장에 갈 수 없다고 말했다.'

Она **скажет**, что она **занята** и поэтому **не может пойти** в театр.
'그녀는 그녀가 바빠서 극장에 갈 수 없다고 말할 것이다.'

Ясно, что она **не хочет участвовать** в этом разговоре.
'그녀는 이 대화에 참여하지 않고 싶어하는 것이 분명하다.'

Было ясно, что она **не хочет участвовать** в этом разговоре.
'그녀는 이 대화에 참여하지 않고 싶어하는 것이 분명했다.'

접속사 **что**를 내포한 종속절에서 술어의 과거시제는 종속절의 행위가 주절의 행위보다 먼저 일어난 것을 나타낸다.

Он **сказал**, что он **работал** на заводе.
'그는 공장에서 일했었다고 말했다.'

Он **говорит**, что он **работал** на заводе.
'그는 공장에서 일했다고 말한다.'

Она **сказала**, что **была занята** и поэтому **не могла пойти с нами**.
'그녀는 바빠서 우리와 함께 갈 수 없다고 말했다.'

접속사 **что**를 내포한 종속절에서 술어의 미래시제는 종속절의 행위가 주절의 행위 후에 발생하는 것을 나타낸다.

Он **сказал**, что **будет работать** на заводе.
'그는 공장에서 일할 것이라고 말했다.'

Он **говорит**, что **будет работать** на заводе.
'그는 공장에서 일할 것이라고 말한다.'

Опа **сказала**, что **будет затята** и поэтому **не сможет пойти в театр**. '그녀는 바빠서 극장에 갈 수 없다고 말했다.'

Она **говорит**, что **будет затята** и поэтому **не сможет пойти** в театр.
'그녀는 바빠서 극장에 갈 수 없다고 말한다.'

연습문제 113 다음 두 문장의 의미상의 차이를 설명하시오.

1. Друг сказал, что он хочет пойти с нами в театр. Друг сказал, что он хотел пойти с нами в театр.
2. Брат написал, что он не может приехать летом к матери. Брат написал, что он не мог приехать летом к матери.

3. Она сказала, что знает эту песню. Она сказала, что знала эту песню.
4. Я сказал, что я вернусь домой поздно. Я сказал, что я вернулся домой поздно.

연습문제 114 종속절에서 과거시제 형태를 현재시제 형태로 바꾸시오. 시제에서 주절과 종속절의 행위관계가 어떻게 바뀌는지 설명하시오.

1. Она сказала, что она училась на историческом факультете.
2. Студент сказал, что он плохо понимал этот текст.
3. Она ответила, что у неё не было свободного времени.
4. Больной сказал, что ему было холодно.
5. Я заметил, что она плакала.

◆◆◆

주절의 지시어

접속사 **что, чтобы**를 가진 종속절은 직접 주절의 술어에 관계될 수 있고, 주절의 술어에 부속하여 있는 지시어 **то**에 관계될 수도 있다:

지시어가 없는 문장	지시어가 있는 문장
Мне сообщили, что моя статья будет напечатана. '나의 논문이 개제될 것이라는 것을 나에게 알려 주었다.'	Мне сообщили **о том**, что моя статья будет напечатана.
Я уверен, что он сдержит своё слово. '나는 그가 자신의 약속을 지킬 것이라는 것을 확신한다.'	Я уверен **в том**, что он сдержит своё слово.
Мне нравится, что он всегда выполняет свои обещания. '그가 항상 자신의 약속을 지키는 것이 내 마음에 든다.'	Мне нравится **то**, что он всегда выполняет свои обещания.

어떤 경우에 지시어 **то**의 사용은 필연적이다.

> Главная трудность состояла **в том**, что участники экспедиции плохо знали маршрут.
> '주된 어려움은 탐원대 참가자들이 탐험경로를 잘 몰랐다는 것에 있었다.'

Директор начал **с того**, что лично познакомился со всеми.
'관리자는 모든 사람들과 개인적으로 친하게 지내는 것에서부터 시작하였다.'

연습문제 115 점으로 되어 있는 부분에 지시어 то를 넣으시오. 필요하면 전치사를 사용하시오.

1. Мы надеялись ____, что в воскресенье будет хорошая погода.
2. Рабочие стремятся ____, чтобы их бригада была передовой.
3. Я был рад ____, что меня пригласили на этот вечер.
4. Никто не сомневается ____, что ты успешно сдашь экзамены.
5. Он добивался ____, чтобы ему разрешили перейти на медицинский факультет.
6. Я давно мечтал ____, чтобы попасть на этот спектакль.
7. Я был очень доволен ____, что мне предложили билет на этот спектакль.
8. Он всегда твёрдо верил ____, что ему удастся добиться своей цели.
9. Он был уверен ____, что в случае необходимости друзья его поддержат.

연습문제 116 접속사 что 또는 чтобы를 사용하여 종속문을 완성하시오.

1. Трудность заключается в том, ____
2. Наша задача состоит в том, ____
3. Пьеса кончается тем, ____
4. Преподаватель начал урок с того, ____
5. Вся сложность этого вопроса заключается в том, ____
6. Цель этой работы сотояла в том, ____
7. Решая эту проблему, надо исходить из того, ____

연습문제 117 단문을 복문으로 바꾸시오.

1. Мы стремимся к полному овладению богатствами нашей родины.
2. Учитель требует от учеников внимания.
3. Он не надеется на успешное окончание нашей работы.
4. Народы стремятся к разрешению международных проблем путём переговоров.
5. Рабочие добиваются неуклонного повышения производительности труда.

◆◆◆

접속사 как

접속사 **как**이 있는 종속절은 일반적으로 다음의 지각의 의미를 가진 단어로 표현된 주절의 술어에 관계된다(видеть '보다', слышать '들리다', заметить '눈치채다'; видно '보이다', слышно '들리다', заметно '눈치채다').

> Я **видел, как** он вошёл в вестибюль и пошёл по лестнице.
> '나는 그가 현관 안으로 들어가서 계단을 따라 걸어갔던 것을 보았다.'
>
> Мы **слышали, как** пролетел самолёт.
> '우리는 비행기가 날아가는 소리를 들었다.'
>
> В комнате **было слышно, как** они кричали и смеялись.
> '방 안에서 그들이 소리치면서 웃고 있는 것을 들었다.'

단어 видеть '보다', слышать '들리다', заметить '눈치채다', видно '보이다', слышно '들리다', заметно '눈치채다' 뒤에서는 접속사 **что**도 사용할 수 있다.

만약 주절에서 동사 смотреть '보다', слушать '듣다', наблюдать '관찰하다', следить '지켜보다', любоваться '사랑스러운 마음으로 지켜보다'가 있으면, 종속절에서 접속사 **как**만 사용할 수 있다.

> Я лежал на спине и **смотрел, как** по небу медленно двигались облака. '나는 등으로 누워서 구름들이 하늘에서 천천히 움직이고 있는 것을 보았다.'
>
> Мы **наблюдали, как** дети играли во дворе.
> '우리들은 아이들이 마당에서 놀고 있는 것을 관찰하였다.'

■ [주] 단어 как은 접속사도 될 수 있고, 접속어도 될 수 있다. 접속사는 순수하게 종속절을 주절에 연결하는 기능만 수행하고, 접속어는 종속절에서 행위양태의 상황어의 역할을 수행한다. 단어 как이 접속어로 사용될 경우 주절에서 발화나 사고의 의미를 가진 단어 говорить '말하다', спрашивать '묻다', рассказывать '이야기하다', знать '알다', понимать '이해하다', думать '생각하다' 등이 사용된다.
Друг **спросил** меня, **как** я решил эту задачу. '친구는 내가 이 과제를 어떻게 풀었는지 물었다.' ;
Друг рассказал нам, **как** он отдохнул летом. '친구는 그가 여름에 어떻게 쉬었는지 우리들에게 말했다.' 이 경우에 접속어 как을 что로 교체하는 것은 불가능하고 아니면 문장의 의미를 바꾼다.

연습문제 118 다음 문장을 읽고 접속사 как을 접속사 что로 교체할 수 있는 문장과 교체할 수 없는 문장을 지적하시오.

1. Она с грустью смотрела, как ветер кружил в воздухе жёлтые листья.
2. Я лежал в постели и слушал, как дождь стучал по крыше.
3. Мы часто ходили на берег смотреть, как за морем садилось солнце.
4. В окно было видно, как к воротам подъехала машина.
5. Мальчик наблюдал, как муравьи ползали по стволу дерева.
6. Вдруг мы услышали, как заскрипела дверь и кто-то вошёл в соседнюю комнату.
7. Я увидел, как она подошла к преподавателю и стала о чём-то разговаривать с ним.
8. Было слышно, как за окном шумел ветер.

◆◆◆

접속사 будто (будто бы)

접속사 **будто, будто бы**를 포함한 문장들에서 예상되는 또는 의심되는 사실이나 현상에 관하여 언급된다. 이 종속절은 접속사 **что**를 포함하는 문장들과 같이 다음의 전달, 사고, 지각의 의미를 가진 동사(говорить '말하다', рассказывать '이야기하다', думать '생각하다', казаться '~처럼 여겨지다', сниться '꿈에 보이다', послышаться '들리다, 느껴지다' 등)에 관계된다.

Я **слышал**, будто вы уезжаете.
'나는 당신이 떠난다는 말을 들었다.'

Мне **послышалось, будто** кто-то зовёт меня.
'누군가가 나를 부르고 있는 것처럼 느꼈다.'

연습문제 119 접속사 что 대신에 접속사 будто (будто бы)를 사용하면 문장의 의미가 어떻게 바뀌는지 설명하시오.

1. Я слышал, что вы переезжаете на другую квартиру. Я слышал, будто вы переежаете на другую квартиру.
2. Говорят, что она в молодости была красавицей. Говорят, будто она в молодости была красавицей.

3. Она думает, что эта работа ей по силам. Она думает, будто эта работа ей по силам.
4. Мне сказали, что зачёт по химии отложен. Мне сказали, будто бы зачёт по химии отложен.

◆◆◆

접속사 ли

접속사 **ли**를 가진 종속절은 다음의 동사(спросить '묻다', узнать '알아차리다', ждать '기다리다', не знать '모르다', не понять '이해하지 못하다', не помнить '기억하지 못하다') 또는 단어(неизвестно '알려지지 않다', неясно '분명하지 않다', непонятно '이해하지 못하다', интересно '흥미롭다')에 의하여 표현된 주절의 술어에 관계된다.

Прохожий **спросил**, далеко **ли** до ближайшей деревни.
'통행인이 가장 가까운 마을까지 먼지 안 먼지 물었다.'

Я **не знаю**, будет **ли** у меня свободное время.
'나는 내가 자유시간이 있을지 없을지 모르겠다.'

Неизвестно, вернётся **ли** он сегодня.
'그가 오늘 돌아올지 안 돌아올지 불확실하다.'

Интересно, будет **ли** завтра дождь.
'내일 비가 올지 안 올지 흥미롭다.'

접속사 **ли**를 가지고 동사 спросить에 관계되는 종속절은 간접의문을 표현한다.

Я спросил: «Мы скоро будем ужинать?»
'«우리가 곧 식사할거냐?»고 나는 물었다.' — 직접 화법

Я спросил, скоро ли мы будем ужинать.
'나는 우리가 곧 식사하는지 여부를 물었다.' — 간접화법

연습문제 120 다음 문장을 읽고 두 문장의 의미상의 차이를 설명하시오.

1. Я не знал, что нужно ещё раз проверить вычисления. Я не знал, нужно ли

ещё раз проверить вычисления.

2. Мне не было известно, что она приехала. Мне не было известно, приехала ли она.
3. Мы не знали, что ты поступил в институт. Мы не знали, поступил ли ты в институт.
4. Интересно, что эту контрольную работу все студенты написали хорошо. Интересно, хорошо ли студенты написали эту контрольную работу.

연습문제 121 종속문에서 단어의 어순을 바꾸면서 접속사 что 대신에 접속사 ли를 사용하시오. 문장의 의미가 어떻게 바뀌는지 설명하시오.

보기: Никто не знал, **что** ты скоро вернёшься.
Никто не знал, скоро **ли** ты вернёшься.

1. Я не знал, что концерт уже начался.
2. Мы ждали, что он ответит на этот вопрос.
3. Никому не было известно, что в субботу будет экскурсия.
4. Друзья не знали, что она хочет поехать с ними за город.
5. Никто не сказал мне, что я должен зайти в деканат.
6. Больной не знал, что ему долго придётся лежать в постели.

연습문제 122 접속사 ли를 가진 종속문으로 다음 문장을 완성하시오.

1. Я хочу знать, ...
2. Друзья часто спрашивали меня, ...
3. Никто не мог понять, ...
4. До сих пор было неизвестно, ...
5. Все ждали, ...
6. Я никак не мог вспомнить, ...
7. Мы долго спорили, ...
8. Неясно, ...
9. Мне было интересно, ...
10. Он никому не хотел сказать, ...
11. Надо узнать, ...

◆◆◆

접속사 как бы не

접속사 **как бы не**를 가진 보어적 종속절은 다음의 공포, 두려움, 불안의 의미를 가진 동사(бояться '두려워하다', опасаться '겁내다', остерегаться '경계하다', беспокоиться '걱정하다', волноваться '흥분하다', страшно '무섭다')에 의하여 표현된 주절의 술어에 관계된다.

Я **боялся** (мне было страшно), **как бы** волны **не** перевернули лодку. '나는 파도가 보트를 뒤집을까 두려웠다.'
Мы **опасались, как бы не** испортилась погода.
'우리는 날씨가 나빠질까 두려웠다.'

접속사 **как бы не**를 사용한 문장에서는 접속사 **чтобы**를 사용한 문장에서와 같이 동사가 과거시제 형태로 되어 있지만 과거시제 의미는 없다. 종속절의 동사 앞에 부정소사 не가 있지만 부정의 의미는 가지지 않는다. 접속사 как бы не의 의미로 이따금 접속사 чтобы도 사용된다.

Мы боялись, **чтобы** погода не испортилась.
'날씨가 나빠질까 두려웠다.'

연습문제 123 접속사 что 대신에 как бы не를 사용하여 문장을 다시 만드시오.

보기: Мы боялись, что погода испортится.
Мы боялись, **как бы погода не испортилась**.

1. Мать боялась, что ребёнок простудится.
2. Мы беспокоились, что ты забудешь прийти на собрание.
3. Путешественники опасались, что начнётся метель.
4. Я боялся, что ты проспишь и опоздаешь на лекцию.
5. Мы боимся, что дождь помешает нам поехать за город.
6. Все боялись, что дети заблудятся в лесу.

연습문제 124 다음 문장을 읽고 주문에서 종속문과 관계되는 단어들 찾으시오. 종속문을 병합시키는 접속사를 지적하시오.

1. Через окно я увидел, как большая серая птица села на ветку клёна в саду (*Пауст.*).
2. Детство кончалось. Очень жаль, что всю прелесть детства мы начинаем понимать, когда делаемся взрослыми (*Пауст.*).
3. Он боялся, как бы гости не стали без него рассказывать что-нибудь интересное, и не уходил (*Чех.*).
4. После обеда он подошёл к ней спросить, не пойдёт ли она гулять (*Гонч.*).
5. Я просил, чтобы меня никто не провожал на железную дорогу (*Гарш.*).
6. Стало ясно, что мы заблудились (*Арс.*).
7. Важно, чтобы дети приучались ещё с юных лет работать (*Л.Т.*).
8. Он боялся, чтобы что-нибудь в разговоре не навело Наташу на тяжёлые воспоминания (*Л.Т.*).
9. Надо, чтобы всем на земле было хорошо (*М.Г.*).
10. Даша с тоской глядела, как за окном летят снизу вверх клубы серой пыли (*А.Т.*).
11. Чувствуется, что этот человек знает много (*М.Г.*).

◆◆

보어적 종속절 및 주어적 종속절을 가진 종속복문의 접속어

보어적 및 주어적 종속절에서 접속어로서 다음의 것이 사용된다:

a) 관계대명사: кто, что, какой, чей, сколько
b) 관계부사: где, куда, откуда, когда, как, почему, зачем

이 접속어는 말, 사고, 지각의 의미를 가진 동사(говорить '말하다', спрашивать '묻다', отвечать '대답하다', знать '알다', узнавать '알다', помнить '기억하다', запомнить '기억하다', понимать '이해하다', видеть '보다', слышать '들리다', объяснять '설명하다') 그리고 단어 ясно '분명하다', известно '알려지다', неизвестно '알려지지 않다', понятно '이해가 되다', видно '보이다', интересно '재미있다', сказано '말해지고 있다', написано '쓰여지다', объявлено '공고되다' 뒤에서 사용된다.

Я не знаю (Мне неизвестно), **что** мы должны делать дальше.
'계속해서 우리가 무엇을 해야하는지 나는 모르겠다.'

Я не знаю (Мне неизвестно), **кто** нам будет помогать.
'누가 우리를 돕는지 나는 모르겠다.'

Я не знаю (Мне неизвестно), **в какой** библиотеке можно найти эту книгу. '어떤 도서관에서 이 책을 찾을 수 있는지 나는 모르겠다.'

Я не знаю (Мне неизвестно), **чьи** это тетради.
'이것이 누구의 노트인지 나는 모르겠다.'

Я не знаю (Мне неизвестно), **сколько** стоит эта книга.
'이 책의 가격이 얼마인지 나는 모르겠다.'

Я не знаю (Мне неизвестно), **где** живёт этот друг.
'이 친구가 어디에 사는지 나는 모르겠다.'

Я не знаю (Мне неизвестно), **куда** мы поедем летом.
'우리가 여름에 어디로 갈 것인지 나는 모르겠다.'

Я не знаю (Мне неизвестно), **когда** мы кончим эту работу.
'우리가 이 일을 언제 마칠지 나는 모르겠다.'

연습문제 125 다음 문장을 읽고 종속절과 관련된 질문을 제기하시오.

1. Он думает о том, что будет делать весь долгий день и с кем встретится (*А.Т.*).
2. Мы с нетерпением ждали, когда к нам в сад прилетят старые знакомые — скворцы (*Купр.*).
3. Ей хотелось что-то сказать, но она не знала, с чего начать (*Л.*).
4. Я сама не понимаю, откуда брались у меня такое спокойствие, решимость, точность в выражениях (*Л.Т.*).
5. Листья чуть шумели над моею головой; по одному из шуму можно было узнать, какое тогда стояло время года (*Тург.*).
6. Проснувшись и с усилием открыв глаза, Алексей не сразу понял, где он находится (*Аж.*).
7. Мне вспомнилось, каким добрым другом была для меня книга во дни отрочества и юности (*М.Г.*).

연습문제 126 주절에서 단어 знать, спросить, помнить, понимать, видеть, заметить, известно, понятно, видно, сказано와 접속어 что, кто, какой, сколько, где, откуда, когда, почему, зачем을 사용하여 복문을 만드시오.

◆◆◆

접속어 кто와 что를 가진 종속복문

접속어 **кто**와 **что**를 가진 종속복문은 대명사로 표현된 주절의 보어나 주어를 설명할 수 있다. 주절에서는 종속절에 의하여 설명되는 주어나 보어의 역할로 다음의 것이 사용될 수 있다:

1. 지시대명사 тот와 то:

Счастлив **тот**, кто всё это видел своими глазами.
'이 모든 것을 자신의 눈으로 보았던 사람은 행복하다.'

Хорошо **тому**, кто всё это видел своими глазами.
'이 모든 것을 자신의 눈으로 보았던 사람은 좋다.'

То, что случилось, никогда больше не повторится.
'한번 일어났던 것은 결코 더 이상 반복되지 않는다.'

Того, что случилось, никогда больше не будет.
'한번 일어났던 것은 결코 더 이상 일어날지 않을 것이다.'

2. 한정대명사 все, всё, всякий, каждый, любой:

Все, кто пришёл на вечер, собрались в зале.
'저녁파티에 참석했던 모든 자들이 홀에 모였다.'

Всем, кто пришёл на вечер, понравилась эта песня.
'저녁파티에 참석하였던 모든 사람들은 이 노래가 마음에 들었다.'

Наконец было готово всё, что нужно для путешествия.
'마침내 여행에 필요한 모든 것이 준비되었다.'

Каждый, кто хотел выступить, мог попросить слова.
'연설하기 원했던 모든 자는 발언을 신청할 수 있었다.'

Каждому, кто хотел выступить, было предоставлено слово.
'연설하기 원했던 모든 자는 발언이 허용되었다.'

3. 부정대명사 никто와 ничто:

Кого я ни спрашивал, **никто** не мог ответить на этот вопрос.
'내가 누구에게 물어도, 어느 누구도 이 질문에 대답하지 못했다.'

Что он ни видел, **ничто** ему не нравилось.
'그가 무엇을 보아도 그는 아무 것도 마음에 들지 않았다.'

Что он ни видел, **ничем** он не был доволен.
'그가 무엇을 보아도 그는 아무 것에도 만족하지 않았다.'

만약 종속절이 대명사 **никто**나 **ничто**를 설명하면, 종속절 속에는 항상 강조소사 **ни**가 사용된다.

주절에서의 대명사는 접속어 кто와 что와 같이 전치사를 사용하든 하지 않든 간에 어떤 격으로도 될 수 있다. 대명사의 격은 그 대명사가 주절의 어떤 성분인지 그리고 주절의 어떤 단어에 종속되어 있느냐에 따라 결정된다.

Он выполнил **то**, что ему поручили.
'그는 그에게 위임했던 것을 수행했다.'

Он не выполнил **того**, что ему поручили.
'그는 그에게 위임했던 것을 수행하지 못했다.'

Им было выполнено **то**, что ему поручили.
'그는 그에게 위임했던 것이 그에 의하여 수행되었다.'

Он забыл **о том**, что ему поручили.
'그는 그에게 위임했던 것을 잊었다.'

Он ещё не приступал **к тому**, что ему поручили.
'그는 그에게 위임했던 것을 아직 착수하지 않았다.'

Наконец он взялся **за то**, что ему поручили.
'드디어 그는 그에게 위임했던 것을 착수했다.'

접속어의 격도 접속어가 종속절의 어떤 성분이냐에 따라 그리고 종속절의 어떤 단어에 종속되어 있느냐에 따라 결정된다.

Случилось то, **чего** никто не ожидал.
'어느 누구도 예기치 않았던 것이 일어났다.'

Случилось то, **о чём** мы долго помнили.
'우리가 오랫동안 기억하고 있었던 것이 일어났다.'

Случилось то, **что** надолго осталось у нас в памяти.
'오랫동안 우리의 기억 속에 남아 있었던 것이 일어났다.'

Случилось то, **чему** все очень удивились.
'모두가 매우 놀랐던 것이 일어났다.'

연습문제 127 다음 문장을 읽고 종속절과 관련된 대명사의 격과 접속어의 격을 정하시오.

A.

1. Всё, что говорил сын о женской жизни, была горькая знакомая правда (*М.Г.*).
2. Слово — выражение мысли, и потому слово должно соответствовать тому, что оно выражает (*Л.Т.*).
3. Что я чувствовал, того не стану описывать (*Л.*).
4. Нам нужно то, что обогащает внутренний мир человека, всё, что возвышает его емоциональную жизнь (*Пауст.*).
5. Почти физически ощутил он необьятность, грандиозность родины и всего, что происходило на её просторах (*Аж.*).

B.

1. Только тот любит, у кого светлеет мысль и укрепляются руки от любви (*Черн.*).
2. Кто про свои дела кричит всем без умолку, в том, верно, мало толку (*Кр.*).
3. Кто не ненавидит по-настоящему зла, тот не любит по-настоящему добра (*Ромэн Ролан*).
4. Тому, кто строит, творит, создаёт, кто честно трудится и живёт трудами рук своих, нужен мир (*И.Э.*).
5. Всех, кто честен душою, мы зовём за собою (*Ош.*).
6. Наступила долгая осенняя ночь. Хорошо тому, кто в такие ночи сидит под кровом дома, у кого есть тёплый уголок (*Тург.*).

연습문제 128 다음 속담에 구두점을 치고, 종속절에 밑줄을 치시오.

1. Хорошо смеётся тот кто смеётся последним
2. Не всё то золото что блестит.
3. Что с возу упало то пропало.
4. Кому много дано с того много и спросится.

연습문제 129 점으로 되어 있는 부분에 접속어 кто 또는 что의 알맞은 형태를 넣으시오. 필요하면 전치사를 사용하시오.

1. Мы были готовы к тому,
- ____ случилось.
- ____ нас предупреждали.
- ____ нам пришлось заниматься.
- ____ мы должны были делать.

2. Мы не нужно то,
- ____ он принёс.
- ____ они добиваются.
- ____ они стремятся.
- ____ они не могут обойтись.

3. Хорошо тому,
- ____ много друзей.
- ____ всегда окружают друзья.
- ____ помогают друзья.
- ____ нужен людям.
- ____ все ценят и уважают.

4. Этой работой должен руководить тот,
- ____ он принёс.
- ____ они добиваются.

연습문제 130 점으로 되어 있는 부분에 필요한 격의 대명사를 넣으시오. 필요하면 전치사를 사용하시오.

대명사 все

1. Это сообщение взволновало ____,
2. Это сообщение было интересно ____,
3. Этим сообщением были взволнованы ____,
4. Это предложение было поддержано ____,

} кто присутствовал на собрании.

대명사 каждый

1. Сообщи об этом ____,
2. Надо поговорить об этом ____,
3. Об этом должен знать ____,
4. Надо известить об этом ____,

} кто участвует в кружке.

대명사 то

A.
1. Я не поверил ____,
2. Я был очень удивлён ____,
3. Мне показалось невероятным ____,
4. Я никогда раньше не знал ____,
5. Я очень заинтересовался ____,

что мне рассказали.

B.
1. Все удивились ____,
2. Всех удивило ____,
3. Все были удивлены ____,
4. Никто не хотел вспоминать ____,

что случилось.

◆◆

한정적 종속절을 가진 종속복문

한정적 종속절은 주절의 어떤 명사를 한정하고 какой? какая? какое? какие?의 질문에 대답한다.

질문은 전치사를 가지든 가지지 않든 임의의 격으로 놓일 수 있다:

Теперь мне трудно вспомнить и понять **те** мечты (какие мечты?), которые тогда наполняли моё воображение (*Л.Т.*).
'그 당시 나의 공상을 가득 메웠던 그 꿈을 회상하고 이해한다는 것은 지금 나는 어렵다.'

Пароход сел на мель вблизи **того** городка (вблизи какого городка?), куда ехал Леонтьев (*Пауст.*).
'기선은 레온찌예프가 갔었던 그 작은 도시 가까이에 있는 얕은 여울에 정박하였다.'

Настала **минута** (какая минута?), когда я понял всю цену этих слов (*Гонч.*).
'내가 이 말의 모든 가치를 이해하였던 순간이 되었다.'

◆◆

한정적 종속절의 접속어

한정적 종속절에서는 다음의 접속어가 사용된다:

a) 대명사: который, какой, чей, что
b) 부사: где, куда, откуда, когда

◆◆◆

접속어 который

접속어 который의 성과 수는 이 접속어가 관계되는 명사와 일치되고, 격은 종속어에서 어떤 역할을 하느냐에 따라 결정된다.

Мы вышли **в сад, который** спускался к реке.
'우리는 강쪽으로 경사가 져 있는 정원으로 나왔다.'

Мы пошли **по дороге, которая** вела к реке.
'우리는 강 쪽으로 나 있는 길을 따라 갔다.'

Мы направились **к озеру, которое** находилось в двух километрах от деревни.
'우리는 마을에서 2킬로 떨어져 있는 호수를 향해 출발했다.'

Солнце спряталось **за тучи, которые** покрыли всё небо.
'태양은 온 하늘을 뒤덮고 있는 먹구름 너머로 숨어버렸다.'

첫 문장에서 접속어 **который**는 남성단수형태로 되어 있다. 왜냐하면 이 접속어가 남성단수명사 сад와 관계되어 있기 때문이다.

두 번째 문장에서 접속어는 여성단수 명사 дорога와 관련되기 때문에 여성 단수 형태인 которая로 되었다.

인용된 모든 예에서 접속어 который는 문장에서 주어의 역할을 하기 때문에 주격 형태로 되었다.

접속어 который를 가진 종속복문은 두 개의 단문으로 교체할 수 있다. 이 때 접속어는 그 접속어가 관계되는 명사로 교체해야 한다.

Мы вышли в сад, **который** спускался к реке.	Мы вышли в **сад**. Сад спускался к реке.
Мы пошли по дороге, **которая** вела к реке.	Мы пошли по дороге. **Дорога** вела к реке.
Мы направились к озеру, **которое** находилось в двух километрах от деревни.	Мы направились к озеру. **Озеро** находилось в двух километрах от деревни.
Солнце спряталось за тучи, **которые** покрыли всё небо.	Солнце спряталось за тучи. **Тучи** покрыли всё небо.

접속어 **который**는 종속절에서 사격으로도 될 수 있다. 접속어 **который**의 격은 종속절에서 그의 역할에 따라 결정된다.

Сегодня ко мне придёт друг, **которого** я давно не видел.
'오늘 오랫동안 보지 못했던 친구가 나에게 올 것이다.'

Сегодня ко мне придёт друг, **которому** я обещал помочь.
'오늘 내가 도와주겠다고 약속했던 친구가 나에게 올 것이다.'

Сегодня ко мне придёт друг, **о котором** я тебе рассказывал.
'오늘 내가 너에게 이야기했던 친구가 나에게 올 것이다.'

Сегодня ко мне придёт друг, **с которым** я вместе учился в школе.
'오늘 내가 학교에서 함께 공부했던 친구가 나에게 올 것이다.'

Я уже прочитал книгу, **которую** ты мне дал.
'나는 너가 나에게 주었던 책을 이미 다 읽었다.'

Я уже прочитал книгу, **о которой** ты мне говорил.
'나는 너가 나에게 말했던 책을 이미 다 읽었다.'

Я уже прочитал книгу, **с которой** ты мне советовал познакомиться. '나는 너가 나에게 소개해 주겠다고 권했던 책을 이미 다 읽었다.'

Мы вышли из леса и увидели реку, **к которой** через поле вела тропинка.
'우리는 숲에서 나와서 오솔길이 들판을 가로질러 이어지고 있었던 강을 보았다.'

Мы вышли из леса и увидели реку, **за которой** находилась деревня.
'우리는 숲에서 나와서 마을이 그 너머에 있는 강을 보았다.'

Мы вышли из леса и увидели реку, **через которую** нужно было переправиться на лодке.
'우리는 숲에서 나와서 배를 타고 건너지 않으면 안 되었던 강을 보았다.'

Он сегодня закончил доклад, **который** он будет читать в понедельник.
'그는 그가 월요일에 읽을 보고서를 오늘 끝냈다.'

Он сегодня закончил доклад, **над которым** он работал месяц.
'그는 그가 한달동안 작업했던 보고서를 오늘 끝냈다.'

접속어 который를 가진 종속절은 주절의 뒤에나 주절의 가운데에도 놓일 수 있다.

Я вернул в библиотеку книги, **которые я уже прочитал**.
'내가 이미 읽었던 책들을 나는 도서관에 반납했다.'

Книги, **которые я уже прочитал**, я вернул в библиотеку.
'내가 이미 읽었던 책들을 나는 도서관에 반납했다.'

한정적 종속절은 항상 그것이 관계되는 명사의 바로 뒤에 놓인다. 접속어 который가 종속절의 처음이 아닌 곳에도 올 수 있다.

Я встретил человека, лицо **которого** показалось мне знакомым.
'나는 한 사람을 만났는데, 그 사람의 얼굴은 나에게 낯익게 여겨졌다.'

일반적으로 이것은 종속절에서 접속어 который가 명사로부터 종속되어 있을 때 일어난다.

Мы вошли в сад, все **деревья которого** были в цвету.
'우리는 정원으로 들어갔는데, 그 숲의 모든 나무들이 활짝 피어있었다.'

종속절에서 단어 которого는 명사 деревья에 종속되어 있다.

◆◆◆

접속어 какой

접속어 **какой**는 접속어 который와 같이 주절의 피한정 명사와 성과 수에서 일치되고 격에서는 일치되지 않는다.

Это была такая **ночь, какой** уже я никогда не видала после (*Л.Т.*).
'이미 나는 나중에 한번도 본 적이 없었던 그런 밤이었다.'

Был тот особенный вечер, **какой** бывает только на Кавказе (*Л.Т.*).
'카프카즈에만 있는 특별한 저녁이었다.'

◆◆◆

접속어 чей

접속어 **чей**는 주절의 피한정 명사와 일치되지 않는다. 그것은 종속절의 피한정어하고만 성, 수, 격에서 일치된다.

Я был рад увидеть друга, **чьи советы** мне были нужны.
'나는 친구를 만나는 것이 기뻤는데, 그 친구의 조언은 나에게 필요했다.'

Я был рад увидеть друга, **в чьих советах** очень нуждался.
'나는 친구를 만나니 기뻤는데, 그 친구의 조언을 매우 필요했다.'

접속어 **чей**는 한정적 종속절에서 접속어 который의 생격으로 교체될 수 있다.

Я был рад увидеть друга, советы **которого** мне были очень нужны. '나는 친구를 만나는 것이 기뻤는데, 그 친구의 조언이 나에게 매우 필요했다.'

Я был рад увидеть друга, в советах **которого** очень нуждался.
'나는 친구를 만나는 것이 기뻤는데, 그 친구의 조언을 매우 필요했다.'

◆◆◆

접속어 что

접속어 **что**는 한정적 종속절에서 전치사가 없는 주격과 대격으로만 사용된다.

1. Дом, **что** стоял на берегу озера, сгорел.
   '호수가에 있었던 집은 전소되었다.'

2. Под деревьями, **что** росли возле дома, стояла скамейка.
   '집 주위에 자라있었던 나무 아래에 벤치가 있었다.'

3. Деревня, **что** мы проехали, стояла на берегу озера.
   '우리가 지나갔던 나무들이 호수간에 있었다.'

접속어 **что**는 한정적 종속절에서 접속어 который와 동일한 의미를 가진다. 그러나 드물게 사용된다.

만약 접속어 что가 주어이고, 종속절의 술어가 주절의 피한정어와 성과 수에서 일치된다. 위의 1과 2의 예가 그러하다. 첫 번 예문에서 술어가 남성 단수 형태로 되어 있다. 왜냐하면 주절의 피한정어 дом과 일치하기 때문이다. 두 번째 문장에서 종속절의 술어 росли는 복수 형태로 되어 있다. 왜냐하면 주절의 피한정어 под деревьями와 수에서 일치하기 때문이다. 세 번째 문장에서 접속어 что는 술어 проехали에 대한 직접보어이다.

◆◆◆

접속어 где, куда, откуда, когда

접속어 **где, куда откуда, когда**는 종속절에서 상황어이다.

Недалеко от этой станции находится деревня, **где** я родился и вырос.
'이 역에서 멀지 않은 곳에 내가 태어나서 자랐던 시골 마을이 있다.'

Наблюдатель взобрался на дерево, **откуда** он мог просматривать дорогу.
'감시자는 그가 길을 조사할 수 있는 나무 위로 기어올랐다.'

Я хорошо помню то утро, **когда** я покинул родной дом.
'나는 내가 고향 집을 버렸던 그 아침을 잘 기억한다.'

접속어 **где, куда откуда, когда**는 한정적 종속절에서 전치사를 가진 사격 형태의 접속어 который로 교체될 수 있다.

Недалеко от этой станции находится деревня, **в которой** я ро-

дился и вырос.
'이 역에서 멀지 않은 곳에 내가 태어나서 자랐던 시골 마을이 있다.'

Охотник взобрался на дерево, **с которого** он мог наблюдать дорогу.
'사냥군은 그가 길을 관찰할 수 있는 나무 위로 기어올랐다.'

Я хорошо помню то утро, **в которое** я покинул родной дом.
'나는 내가 고향 집을 버렸던 그 아침을 잘 기억한다.'

◆◆◆

주절에서의 지시어

종속절이 접속어로 연결되어 있으면, 주절에서 지시어 тот이나 такой가 피한정 명사에 붙을 수 있다:

Опасность появилась **с той** стороны, откуда мы её вовсе не ждали (*Арс.*).
'위험은 우리가 그 위험을 전혀 예기하지 못했던 그 방향에서 나타났다.'

Это была **такая** ночь, какой уже я никогда не видала после (*Л.Т.*).
'이미 내가 그 후에 한번도 보지 못했던 그러한 밤이었다.'

주절에서의 지시어는 한정어로 되고 주절의 피한정어를 구분하도록 도와준다. 상기의 문장에서 지시어의 사용은 필연적인 것은 아니다.

연습문제 131 접속어 который의 격과 이 접속어가 문장의 어떤 성분인지 지적하시오.

1. Солнце, которое опять появилось из-за тучи, осветило лесную поляну.
2. Заяц выбежал на поляну, которую освещало солнце.
3. Дай мне книги, которые лежат на столе.
4. Покажи мне книги, которые ты купил.
5. Дети радовались снегу, который наконец выпал сегодня ночью.
6. Я записал свои впечатления, о которых я расскажу друзьям.
7. Друг сдержал своё слово, которое он дал мне.
8. Друг рассказал мне о концерте, на котором он был вчера.
9. Лес, через который мы шли, тянулся на несколько километров.

연습문제 132 왜 접속어 который가 문장의 처음에 놓이지 않는지 설명하시오.

1. Река, на берегу которой мы жили, впадает в Волгу.
2. Путешественники увидели горы, вершины которых были покрыты вечным снегом.
3. Он живёт в том доме, крыша которого виднеется из-за деревьев.

연습문제 133 두 개의 단문을 접속어 который가 포함되어 있는 종속복문으로 만드시오.

a)

보기: Мы подъехали к дому. Дом был ярко освещён.
Мы подъехали к дому, который был ярко освещён.

1. Мы пошли по тропинке. Тропинка вела к дому.
2. Утром начался дождь. Дождь не прекращался весь день.
3. Мы спустились к морю. Море в это утро было спокойно.

b)

보기: Я написал сестре. От сестры я давно не получал письма.
Я написал сестре, от которой я давно не получал письма.

1. Посетитель подошёл к столу. За столом сидел секретарь.
2. Дети вбежали в комнату. Среди комнаты стояла ёлка.
3. Наконец вдали засверкали огни деревни. В деревне мы могли переночевать.

c)

보기: Мы подошли к дому. Окна дома были ярко освещены.
Мы подошли к дому, окна которого были ярко освещены.

1. У меня есть полное собрание сочинений Пушкина. Стихи Пушкина я очень люблю.
2. На столе стояли цветы. Запах цветов наполнял комнату.
3. Мы отдыхали под деревьями. В тени деревьев было прохладно.

연습문제 134 종속복문을 두 개의 단문으로 만드시오.

보기: Он ехал берегом озера, из которого вытекала речка.
Он ехал берегом озера. Из озера вытекала речка.

1. Мы увидели лодку, которая медленно приближалась к берегу.
2. Падал снег, который тут же таял.
3. Я хочу успеть на поезд, который отходит в 10 часов.
4. Все готовятся к экзаменам, которые скоро начнутся.

5. Я получил от брата письмо, в коротом он сообщил о своём поступлении в институт.
6. На нашем пути была река, через которую нам нужно было перейти вброд.
7. Берег, к которому причалила лодка, был крут и обрывист.
8. Дом, в котором помещался санаторий, стоял в берёзовой роще.
9. Во дворе играют дети, крики и смех которых доносятся ко мне в комнату.
10. Мы подошли к театру, перед входом которого толпилось много народу.

연습문제 135 빈 칸에 필요한 형태의 접속어 который를 넣으시오.

1. Вдали виднелось озеро, ______ сверкало на солнце.
2. Мы отдохнули в тени деревьев, ______ росли на берегу.
3. Из-за деревьев показалась крыша дома, к ______ мы направлялись.
4. Мы подошли к дому, ______ стоял среди сада.
5. Писатель закончил свой роман, над ______ он работал три года.
6. Я живу в комнате, окна ______ выходят в сад.
7. В воскресенье я пойду в гости к друзьям, у ______ я давно не был.
8. В своём докладе он осветил вопросы, ______ все мы интересуемся.
9. Под деревьями, от ______ падала густая тень, было прохладно.

연습문제 136 보기와 같이 a와 b 두 문장을 가지고 종속복문을 만드시오.

보기: a) Из ворот дома выехала машина.
b) Возле которого мы остановились.
Из ворот дома, возле которого мы остановились, выехала машина.

1. a) Я не получил письма и поэтому ничего не знаю. b) О котором ты говоришь.
2. a) Спектакль уже не идёт. b) На который вы просили купить билеты.
3. a) Мы вошли в светлую комнату. b) Окна которой выходили на площадь.
4. a) Машины ждали нас за мостом. b) На которых мы приехали.
5. a) Дорога была широкая и ровная. b) По которой мы ехали.
6. a) Я спустился в овраг и пошёл вдоль ручья. b) По дну которого бежал ручей.

연습문제 137 종속문이 주문이 되고 주문이 종속문이 되도록 문장을 바꾸시오.

보기: Мы шли по дороге, которая вела к реке.
Дорога, по которой мы шли, вела к реке.

1. Мы ехали лесом, который уже начинал зеленеть.
2. Я жил в комнате, окна которой выходили в сад.

3. Дети с нетерпением ждут отца, который должен приехать завтра.
4. Мы стояли на палубе парохода, который двигался вниз по течению реки.
5. Все радовались прекрасной погоде, которая установилась в начале мая.
6. Девушки и юноши, которые возвращались с комсомольского собрания, пели песню.
7. Самолёт опустился на льдину, на которой находилась научно-исследовательская станция.
8. Работа, которой он отдал много сил, была наконец закончена.
9. Мы вышли на площадь, посреди которой стоял памятник Горькому.
10. Машина подъезжала к дому, у входа в который толпился народ.
11. По улицам, которые были ярко освещены, двигалась оживлённая праздничная толпа.
12. Студенты, весёлая толпа которых вышла из дверей института, только что сдали последний экзамен.

연습문제 138 빈칸에 접속어 который를 가진 한정 종속문을 넣으시오.

1. Дождь ______ наконец перестал.
2. Шоссе ______ блестело от дождя.
3. Листья на деревьях ______ уже распустились.
4. На сотни километров тянулись леса ______
5. Лодка медленно приближалась к берегу ______
6. Лодка ______ медленно приближалась к берегу.

연습문제 139 접속어 чей, где, куда, откуда, когда를 접속어 который로 바꾸시오.

1. Друг дал мне газету, где была его статья.
2. Мы поднялись на холм, откуда открывался прекрасный вид на поля и деревни.
3. Я хорошо помню то воскресенье, когда мы вместе ездили за город.
4. Я позвонил около той двери, куда только что вошла девушка.
5. Все смотрели на тот берег, куда причалила лодка.
6. На вечере будет выступать писатель, чью новую книгу все сейчас так горячо обсуждают.
7. Лес, откуда мы вышли, уже скрылся в тумане.
8. Над льдиной, где находилась научно-исследовательская станция полярников, развевался красный флаг.

연습문제 140 지시어와 접속어에 밑줄을 치시오.

1. Мне хорошо памятен день, когда я впервые почувствовал героическую поэзию труда (*М.Г.*).
2. Я также думал о том человеке, в чьих руках находилась моя судьба (*П.*).
3. Я бросился под высокий куст орешника, над которым молодой стройный клён красиво раскинул свои лёгкие ветви (*Тург.*).
4. Он с большой весёлостью описал мне семейство коменданта, его общество и край, куда завела меня судьба (*П.*).
5. Вновь я посетил тот уголок земли, где я провёл изгнаником два года незаметных (*П.*).

연습문제 141 접속어 что를 다른 접속어로 바꾸시오.

1. Она не сводит глаз с дороги, что идёт через рощу (*Гонч.*).
2. Мы условились драться за скирдами, что находились подле крепости (*П.*).
3. Певцов-итальянцев здесь слышала я, Что были тогда знамениты (*Н.*).

연습문제 142 접속어 который, какой, чей, что, где, куда, откуда, когда를 가지고 한정적 종속절을 가진 종속복문을 만드시오.

◆◆

한정적 종속절에서의 접속사

한정적 종속절에서는 접속사 **что, чтобы, будто, как будто**가 사용된다.

◆◆◆

접속사 что

접속사 **что**는 결과의 뉘앙스를 가지고 한정적 종속절을 결합시킨다.

Сделалась такая метель, **что** он ничего не взвидел (*П.*).
'그는 아무 것도 보지 못할 정도의 그러한 눈보라가 되었다.'

Отец шёл такими быстрыми шагами, **что** мальчик с трудом поспевал за ним.
'아버지는 소년이 어렵사리 아버지를 따라갈 수 있을 정도로 그렇게 빠른 걸음으로 걸어갔다.'

◆◆◆

접속사 будто

접속사 **будто**나 **как будто**는 비교의 뉘앙스를 가지고 한정적 종속절을 결합시킨다:

Я вернулся домой с таким чувством, **как будто** видел хороший сон (*Чех.*).
'나는 마치 좋은 꿈을 꾸었던 것과 같은 그러한 기분으로 집으로 돌아갔다.'

◆◆◆

접속사 чтобы

접속사 **чтобы**는 주절에서 소망이나 필연성에 대하여 언급될 때 한정적 종속절을 결합시킨다.

Спой нам песню, **чтоб** в ней прозвучали Все весенние песни

земли (*Леб.-К.*).
'노래 속에 울려 퍼질 수 있는 노래를 우리들에게 노래하라 지상의 모든 봄의 노래가'

Надо поставить свою жизнь в такие условия, **чтобы** труд был необходим (*Чех.*).
'노동이 절대적으로 필요할 그런 조건에 자신의 삶을 영위해야 한다.'

◆◆◆

주절에서의 지시어

한정적 종속절이 접속사 **что, как будто, будто** 또는 **чтобы**에 의하여 결합되어 있으면, 주절에서 일반적으로 지시어 **такой**가 사용된다.

Навстречу бул **такой** ветер, **что** нам трудто было двигаться вперёд.
'우리가 전진하기 어려운 그런 바람이 우리를 마주 불었다.'

У него **такой** вид, **как будто** он болен.
'그는 그가 마치 아픈 것과 같은 그런 표정을 짓고 있다.'

Давайте запоём **такую** песню, **чтобы** все могли подпевать нам.
'모든 사람들이 우리의 노래를 따라 부를 수 있는 그런 노래를 부르자.'

연습문제 143 접속사, 지시어 그리고 종속절이 한정하는 명사에 밑줄을 치시오.

1. Нужно такую жизнь строить, чтобы в ней всем было просторно (*М.Г.*).
2. Ветер дул порывами и с такой силой, что стоять на ногах было почти невозможно (*Арс.*).
3. Говорил он уверенно и таким тоном, как будто я спорил с ним (*Чех.*).
4. Тихое утро было полно такой свежести, будто воздух промыли родниковой водой (*Пауст.*).

연습문제 144 접속사 что, чтобы, будто를 사용하여 한정적 종속문을 가진 종속복문을 만드시오.

◆◆

술어적 종속절을 가진 종속복문

1. 술어적 종속절은 대명사 **тот** (та, то, те), **такой** (такая, такое, такие) 등으로 표현되어 있는 주절의 명사류 술어의 내용을 드러낸다.

Хозяин — тот, **кто трудится** (*М.Г.*).
'주인은 일하고 있는 사람이다.'

위 문장은 Кто хозяин? '누가 주인이냐?'에 대한 답변으로 볼 수 있다.

Каков я прежде был, таков и ныне я (П.).
'이전에 그랬던 것처럼 나는 지금도 그러한 사람이다.'

위 문장은 Каков я ныне? '나는 지금 어떤 사람이냐?'에 대한 답변으로 볼 수 있다.

Туман был такой, **что в двух шагах ничего не было видно**.
'안개는 두 걸음 이상도 더 이상 볼 수 없는 그런 정도였다.'

위 문장은 Какой был туман? '안개는 어떤 정도였느냐?'에 대한 답변으로 볼 수 있다.

2. 술어적 종속절에서는 접속어 **кто, что, который, какой, каков, чей** 등이 사용된다.

Я тот, **которому** внимала	'나는 그대가 한밤의 고요함 중에서
Ты в полуночной тишине ...	'귀 기울였던 그 자…'
Я тот, **чей** взор надежду губит, ...	'나는 시선 하나로 희망을 죽이는 자.'
Я тот, кого никто не любит (*Л.*)	'나는 누구의 사랑도 받지 못하는 자.'
Каков мастер, такова и работа (*Посл.*).	'그 명인에 그 일이 있다.'

3. 술어적 종속절에서는 접속사 **что, чтобы**가 사용된다.

Ветер был такой, **что** трудно было держаться на ногах.
'바람은 두 발로 지탱하기 어려운 정도였다.'

Время сейчас не такое, **чтобы** можно было отдыхать.
'시간은 지금 쉴 수 있는 그런 때가 아니다.'

접속사 **что**와 **чтобы**는 주절의 술어가 대명사 **такой**와 **таков**에 의하여 표현될 때 사용된다. 접속사 **что**를 가진 술어적 종속절은 결과의 뉘앙스를 가진다. 접속사 **чтобы**를 가진 술어적 종속절은 주절에서 대명사 **такой**와 **таков** 앞에 부정이 있을 때 사용된다.

긍정문	부정문
Дождь такой, что нельзя выйти. '비는 외출할 수 없는 그런 정도다.'	Дождь **не** такой, **чтобы** нельзя было выйти. '비는 외출할 수 없는 그런 정도는 아니다.'
Он такой, что отступит перед первой же трудностью. '그는 처음 겪는 어려움 앞에서조차 물러서는 그런 자이다.'	Он **не** такой, **чтобы** отступить перед первой же трудностью. '그는 처음 겪는 어려움 앞에서조차 물러설 사람이 아니다.'

접속어 **кто**와 **что**로 결합된 술어적 종속절을 가진 복문은 이 접속어로 결합된 보어적 종속절과 주어적 종속절의 구조가 유사하다.

Я тот, **кого** вы ждёте (술어적 종속절).
'나는 당신이 기다리고 있는 그 사람이다.'

Пришёл тот, **кого** мы ждали (주어적 종속절).
'우리가 기다렸던 그 사람이 도착했다.'

Это то, **что** я просил (술어적 종속절)
'이것은 내가 요청했던 것이다.'

Он принёс то, **что** я просил (보어적 종속절)
'그는 내가 요청했던 것을 가져왔다.'

접속사 **что**와 **чтобы** 그리고 접속어 **который**와 **какой**로 결합된 술어적 종속절을 가진 복문은 동일한 접속사와 접속어로 결합된 한정적 종속절을 가진 복문과 구조가 유사하다.

Дождь такой, **что** нельзя выйти из дома (술어적 종속절).
'집 밖으로 나갈 수 없는 그 정도였다.'

Льёт такой дождь, **что** нельзя выйти из дома (한정적 종속절).
'집 밖으로 나갈 수 없는 그런 비가 오고 있다.'

Эта книга не та, **которую** я просил (술어적 종속절).
'이 책은 내가 부탁했던 그것이 아니다.'

Ты принёс не ту книгу, **которую** я просил (한정적 종속절).
'너는 가져왔던 것은 내가 부탁했던 그 책이 아니다.'

연습문제 145 종속 술어 밑에 줄을 치시오. 주절과 종속절이 어떻게 관련되어 있는지 지적하시오.

1. Герой — это тот, кто творит жизнь вопреки смерти, кто побеждает смерть (*М.Г.*).
2. Всё в доме было таким, каким он хотел его видеть (*Пауст.*).
3. Весь этот мир, это небо, этот сад, этот воздух были не те, которые я знала (*Л.Т.*).
4. Мороз был такой, что руки чувствовали его даже в тёплых рукавицах (*Тих.*).
5. Я не то, что вы предполагаете (*П.*).

연습문제 146 다음 문장을 읽고 먼저는 술어 종속절을 가진 복문을 쓰고, 다음에는 한정 종속절을 가진 복문을 쓰시오.

1. Ты принёс не ту книгу, которую я просил. Эта книга не та, которую я просил.
2. Ветер был такой, что трудно было держаться на ногах. Дул такой ветер, что трудно было держаться на ногах.
3. Этот артист — тот самый, чьё выступление нам так понравилось в прошлый раз. На концерте пел тот самый артист, чьё выступление нам так понравилось в прошлый раз.
4. Шум был такой, что я не слышал собственного голоса. Поднялся такой шум, что я не слышал собственного голоса.

연습문제 147 다음 문장을 읽고 주절의 술어를 지적하시오.

1. Деревня показалась мне такой же, какой я её оставил пять лет назад.
2. Он не стал таким, каким все хотели его видеть.
3. Река в этом месте оказалась не такой, какая она около нашего дома.

4. Всё в городе изменилось, и только старый дедовский дом остался почти таким, каким он был во время моего детства.

연습문제 148 접속어 кто, что, какой 그리고 접속사 что와 чтобы를 사용하여 술어적 종속문을 가진 종속복문을 만드시오.

◆◆

장소의 종속절을 가진 종속복문

장소의 종속절을 가진 종속복문은 주절의 행위장소나 방향을 가리킨다.

Мы остановились, **где дорога поворачивала вправо**.
'우리는 길이 오른쪽으로 나 있는 곳에 멈추었다.'

Потом мы пошли, **куда вела тропинка**.
'그리고 나서 우리는 오솔길이 나 있는 곳으로 떠났다.'

Весёлые крики и смех доносились оттуда, **где играли дети**.
'유쾌하게 떠들고 웃는 소리가 아이들이 놀고 있는 곳에서 들렸다.'

장소의 종속절은 접속어 **где, куда, откуда**에 의하여 주절과 결합되어 있다. 주절에서 일반적으로 지시어 **там, туда, оттуда**가 사용되고, 어떤 경우에는 이들이 생략될 수 있다.

Мы остановились, **где** дорога поворачивала вправо.
'우리는 길이 오른쪽으로 나 있는 곳에서 멈추었다.'

Потом мы пошли, **куда** вела тропинка.
'그리고 나서 우리는 오솔길이 나 있는 곳으로 갔다.'

주절에서 부사 **всюду** '도처에'나 **везде** '가는 곳마다' 그리고 다른 장소 부사(**справа**

'우측에서', **слева** '좌측부터', **направо** '오른쪽으로', **налево** '왼쪽으로', **наверху** '위에서', **внизу** '아래에서', **вверх** '위로 향하여', **вниз** '아래로' 등)가 사용될 수 있다.

Везде, куда мы приезжали, мы встречали друзей.
'우리가 도착했던 곳은 어디든 친구들을 만났다.'

Всюду, где мы были, нас принимали приветливо.
'우리는 가는 곳마다 우리를 환대했다.'

Автомобиль повернул **направо**, где стоял высокий дом.
'자동차는 높은 건물이 서 있었던 오른쪽으로 돌았다.'

종속절에서 강조소사 **ни**가 접속어에 부가되어 있을 수 있다. 그 때 주절에서는 부사 **везде** '가는 곳마다', **всюду** '도처에' 또는 **нигде** '아무데도 … 않는다 또는 없다'가 있다.

Куда **ни** посмотришь, **везде** бесконечный морской простор.
'어디를 보아도 도처에 끝이 없는 바다의 활짝 열린 공간만 있다.'

Где бы мы **ни** были, **всюду** шло мирное строительство.
'우리가 어디를 가든지 도처에는 평화적인 건설이 진행되고 있었다.'

연습문제 149 주절의 관계에 따라 종속절의 위치에 유의하시오.

1. Где некогда всё было пусто, голо, Теперь младая роща разрослась (*П.*).
2. Теперь я шёл не туда, куда мне было надо, а шагал там, где дорога была полегче (*Гайд.*).
3. В воздухе, куда не взглянешь, кружатся целые облака снежинок (*Чех.*).
4. Где трудно дышится, где горе слышится, будь первым там (*Н.*).
5. Там, где глаз не мог уже отличить в потёмках поле от неба, мерцал огонёк (*Чех.*).

연습문제 150 장소의 종속절을 완성하시오.

1. Мы пошли туда, где ______
   Мы пошли туда, куда ______
   Мы пошли туда, откуда ______
2. Я был там, где ______

Я был там, куда ______
Я был там, откуда ______

3. Все уже вернулись откуда, где ______
Все уже вернулись откуда, куда ______
Все уже вернулись откуда, откуда ___

연습문제 151 빈칸에 접속어를 넣으시오.

1. Мы пошли туда, ______ вела узкая тропинка.
2. Утром дети бежали туда, ______ плескались волны, ______ сверкало на солнце море.
3. Он поднял голову и посмотрел наверх, туда, ______ падали снежные хлопья.
4. Партизаны появились оттуда, ______ враги их совсем не ждали.

연습문제 152 빈칸에 지시어를 넣으시오.

1. Отважные исследователи стремились ______, где не ступала ещё нога человека.
2. Охотники решили переночевать ______, где они останавливались в прошлый раз.
3. Все долго смотрели ______, где исчезла в тумане лодка.
4. ______, где четыре года назад был дремучий лес, теперь выстроен большой завод.
5. Я хочу работать ______, где я больше всего нужен.
6. Я поеду работать ______, где я больше всего нужен.

연습문제 153 두 개의 단문을 가지고 접속어와 지시어의 도움을 받아서 장소의 종속복문을 만드시오.

1. Сел самолёт. Побежали люди.
2. Была безводная степь. Теперь плещутся волны Цимлянского моря.
3. Доносилась весёлая песня. Работали молодые люди.
4. Все смотрели. Должен был появиться поезд.

연습문제 154 아래와 같이 문장의 이차성분을 장소의 종속문으로 바꾸시오.

보기: Город стоял **у слияния двух рек**.
Город стоял **там, где сливались две реки**.

1. У пересечения двух дорог стоял высокий дуб.
2. Лодка плыла к повороту реки.
3. Город Горький стоит при впадении реки Оки в Волгу.

◆◆

시간의 종속절을 가진 종속복문

시간의 종속절을 가진 종속복문은 주절의 행위시간을 가리킨다.

Читать сознательно я научился (когда?), **когда мне было лет четырнадцать** (*М.Г.*).
'내가 약 14살 되었을 때 나는 의식을 가지고 읽는 법을 배웠다.'

С тех пор как он уехал из Москвы (с каких пор?), мы ни разу не виделись.
'모스크바에서 떠났던 이후로 우리는 한번도 만나지 못했다.'

Я бродил до тех пор (до каких пор?), **пока солнце не ушло за горизонт** (*Арс.*).
'태양이 지평선 너머로 사라질 때까지 배회하고 있었다.'

시간의 종속절에서 **когда** '...할 때에', **пока** '... 하는 동안에', **с тех пор как** '... 한 때부터', **как только** '...하자마자', **прежде чем** '... 하기 전에' 등의 접속사들이 사용된다.

1. 주절의 행위가 종속절의 행위와 동시에 발생할 수 있다. 이 경우에 접속사 **когда** '...할 때에', **в то время как** '...할 때에', **пока** '...하는 동안에, ... 하는 사이에', **по мере того как** '...하는 것에 따라서' 등이 사용된다.

Когда мы возвращались домой, шёл дождь.
'우리가 집으로 돌아오고 있었을 때 비가 내리고 있었다.'

В то время как в поле дует ветер, в лесу тихо и тепло.
'들판에 바람이 불고 있을 때 숲 속에는 조용하고 따뜻하다.'

Пока мы собирались в дорогу, стало темно.
'우리가 여행 채비를 차리고 있었을 때 어두워졌다.'

По мере того как мы поднимались в гору, горизонт расширялся.
'우리가 산으로 올라가면 갈수록 시야가 넓어졌다.'

지시어 **то**나 **тогда**는 주절에서 접속사 **когда**에 일치될 수 있다.

Когда отец возвратился, то ни дочери, ни сына не было дома.
'아버지가 돌아왔을 때 딸도 아들도 집에 없었다.'

Он не пришёл даже **тогда, когда** ему нужна была моя помощь.
'그는 나의 도움이 필요했을 때조차도 오지 않았다.'

접속사 **по мере того как '...하는 것에 따라서'**을 가진 복문에서는 주절과 종속절에서 불완료상 동사만 사용된다. 왜냐하면 접속사 по мере того как은 행위의 점진적인 증가를 나타내는 동사와 관련되어 있기 때문이다.

По мере того как мы поднимались в гору, горизонт расширялся.
'우리가 산으로 올라가면 갈수록 시야가 넓어졌다.'

2. 주절의 행위는 종속절의 행위가 끝난 후에 발생할 수 있다. 이 때 접속사 **когда** '...할 때', **после того как** '...한 후에', **как только** '...하자마자', **только** '...하자마자', **едва** '...하자마자', **лишь** '...하자마자', **лишь только** '..하자마자', **с тех пор как** '...한 후에' 등의 접속사가 사용된다.

Когда дождь кончился, мы вышли из дома.
'비가 그치자 우리는 집에서 나갔다.'

После того как работа была закончена, все разъехались по домам.
'일이 끝난 후에 모두 이 집 저 집으로 흩어졌다.'

Как только скрылось солнце, стало очень холодно.
'태양이 모습을 감추자마자 매우 추워졌다.'

С тех пор как он приехал, прошло три года.
'그가 도착한 후 3년이 지났다.'

단일 접속사 **только, лишь, чуть, едва**와 합성 접속사 **как только, лишь только, только что, чуть только, едва лишь**는 동일한 의미를 가진다. 이들은 주절의 행위가 종속절의 행위가 끝난 후 매우 빨리 시작된다는 것을 가리킨다.

Едва только мы тронулись в путь, **как** пошёл дождь (*Арс.*).
'우리가 출발하자마자 비가 오기 시작했다.'

3. 주절의 행위가 종속절의 행위보다 먼저 발생할 수 있다. 이 경우에 다음의 접속사들이 사용된다.

1) **прежде чем** '...하기 전에'; **перед тем как** '...하기 전에'; **до того как** '...하기 전에';

Прежде чем стемнело, мы добрались до дому.
'어두워지기 전에 우리는 집에 간신히 도달했다.'

До того как начнутся каникулы, мы должны сдать два экзамена.
'방학이 시작되기 전에 우리는 2가지 시험을 쳐야만 한다.'

만약 접속사 **прежде чем, перед тем как** 또는 **до того как**를 가지고 사용된 종속절의 술어가 주절의 행위자와 관련이 되면, 술어는 동사원형으로 되고 종속절의 주어는 없다.

Прежде чем войти, он постучал.
'들어가기 전에 그는 문을 두드렸다.'

Перед тем как уйти, мне нужно убрать комнату.
'떠나기 전에 나는 방을 정돈해야 한다.'

2) **пока не** '...할 때까지'; **до тех пор, пока не** '할 때까지';

Мы следили за лодкой, **пока** она не скрылась из виду.
'우리는 배가 시야에서 사라질 때까지 보트를 주시하였다.'

Я бродил **до тех пор, пока** солнце не ушло за горизонт (*Арс.*).
'나는 태양이 지평선 너머로 사라질 때까지 배회하였다.'

접속사 **пока не**와 **до тех пор, пока не**는 종속절의 행위가 주절의 행위가 계속되는 한계임을 나타낸다. 이 접속사를 수반하는 종속절에서는 일반적으로 완료상 동사가 사용된다. 불완료상은 다회상의 의미를 가진 경우에만 가능하다.

Мы всегда (каждый раз) следили за лодкой, **пока** она **не** скрылась из виду.
'우리는 항상 (매번) 그녀의 배가 시야에서 사라질 때까지 배를 주시하였다.'

연습문제 155 주절과 종속절 동사의 상을 지적하고 시제에서 주절과 종속절의 행위의 상관관계를 정하시오. 주절의 행위가 발생하는 경우를 지적하시오.

a) 종속절의 행위와 동시발생 b) 종속절의 행위 이후 발생 c) 종속절의 행위 전 발생

1. Когда они возвращались домой, то ещё издалека услышали музыку и дружные хоровые песни (*Гайд.*).
2. Когда он пришёл на станцию, на платформе уже гуляла в ожидании поезда та публика, которую он привык видеть здесь каждый вечер (*Чех.*).
3. Когда он лёг и уснул, мать осторожно встала со своей постели и тихо подошла к нему (*М.Г.*).
4. Она смотрела вслед убегавшим по дороге огням автомобиля и, когда они исчезли, долго ещё стояла, не шелохнувшись, в полной темноте (*Фад.*).
5. Когда он слушал эти рассказы о любви, его собственная любовь к Наташе вдруг вспомнилась ему (*Л.Т.*).
6. Приехала Надя в свой город в полдень. Когда она ехала с вокзала домой, то улицы казались ей очень широкими, а дома маленькими (*Чех.*).
7. Когда я вошёл наверх в свою комнату и отворил окно на озеро, красота этой воды, этих гор и этого неба в первое мгновенье буквально ослепила и потрясла меня (*Л.Т.*).
8. Когда идёт первый снег, приятно видеть белую землю, белые крыши, дышится мягко, славно ... (*Чех.*).

연습문제 156 두 개의 단문을 가지고 접속사 когда를 내포한 종속복문을 만드시오.

1. Листья желтеют. Наступает осень.
2. Озеро шумит. Дует сильный ветер.
3. Дети катаются на коньках и на лыжах. Наступает зима.
4. Мы вернулись домой. Было совсем темно.
5. Он открыл окно. В комнату ворвался сильный ветер.
6. Мы постучали в дверь. В квартире послышались шаги.
7. Пришла весна. Перелётные птицы вернулись в наши края.
8. Корабль был далеко от берега. Началась буря.
9. Он пришёл. Все уже собрались.
10. Мы пришли в театр. До начала спектакля оставалось 15 минут.

연습문제 157 주어진 종속절을 가지고 주절을 완성하시오.

1. Когда будет зима, ...
2. Когда мы сдадим экзамен, ...

3. Когда спектакль кончился, ...
4. Когда началась лекция, ...
5. Когда мы шли через поле, ...
6. Когда он рассказывал, ...
7. Когда звенит звонок, ...
8. Когда начинается осень, ...
9. Когда сестра пришла домой, ...
10. Когда дети спят, ...
11. Когда поезд тронулся, ...

연습문제 158 주어진 주절을 가지고 접속사 когда를 가진 종속절을 완성하시오.

1. Хорошо в поле, ...
2. Лес шумит, ...
3. В классе наступает тишина, ...
4. Студенты разъезжаются по домам, ...
5. Мы снова встретимся, ...
6. Позвони мне по телефону, ...
7. Мы пришли на станцию, ...
8. Я получил письмо, ...
9. Он всегда помогает друзьям, ...

연습문제 159 이텔릭체로 되어 있는 동사를 관련되는 다른 상의 동사로 바꾸고 문장의 의미가 어떻게 바뀌는지 설명하시오.

1. Она рассказала мне об этом, когда мы возвратились домой.
2. Когда начался дождь, мы шли домой.
3. Когда он пришёл, стало весело.
4. Я вернулся домой, когда все уже ужинали.
5. Мы смеялись, когда читали это письмо.
6. Когда начиналась лекция, в аудитории становилось тихо.

연습문제 160 빈 칸에 필요한 상의 동사를 넣으시오.

1. Когда мы вышли из леса, мы ______ речку и деревню на другом берегу (*видели, увидели*).
2. Когда мы ______, он крепко пожал мне руку (*прощались, простились*).
3. Когда я ______ из деревни, я решил последний раз сходить в лес (*уезжал, уехал*).

4. Когда я открыл окно, бумаги _____ со стола (*летели, полетели*).
5. Когда я услышал об этом спектакле, я ______ обязательно посмотреть его (*решал, решил*).

연습문제 161 다음 문장을 읽고 접속사 пока와 пока не가 왜 사용되었는지 설명하시오.

1. Пока не перегрузили весь товар, люди работали без отдыха (*М.Г.*).
2. Мы выполоскали одежду и, пока она сохла на раскалённом песке, мы купались (*Гайд.*).
3. Они свернули в сторону и шли всё по скошенному полю ..., пока не вышли на дорогу (*Чех.*).
4. Минут двадцать я бесцельно бродил по одному месту, пока не успокоился (*Арс.*).
5. Часа три шли без отдыха, пока в стороне не послышался шум воды (*Арс.*).
6. Пока длилось собрание и выступали артисты районной самодеятельности, дождь перестал (*Овеч.*).

연습문제 162 다음 문장을 읽고 접속사 пока와 пока не의 사용에 유의하고 각각의 문장에서 상의 사용을 설명하시오.

1. Мы стояли под деревом, пока шёл дождь. Мы стояли под деревом, пока не кончился дождь.
2. Пока он сидел, никто не замечал его огромного роста. Пока он не встал, никто не замечал его огромного роста.
3. Пока шёл урок, в классе была тишина. Пока не кончился урок, в классе была тишина.
4. Пока он писал письмо, я ждал. Я ждал, пока он не написал письмо.
5. Запиши адрес, пока ты помнишь его. Запиши адрес, пока ты не забыл.
6. Они работали, пока у них были силы. Они работали, пока не устали.

연습문제 163 접속사 пока와 접속사 пока не를 가지고 다섯 문장씩 만드시오.

연습문제 164 다음 문장을 읽고 시간의 종속절을 지적하시오.

1. Чуден Днепр при тихой погоде, когда вольно и плавно мчит сквозь леса и горы полные воды свои (*Г.*).
2. Лишь только солнце скрылось за горизонтом, сразу подул резкий, холодный ветер (*Арс.*).
3. По мере того как мы углублялись в горы, растительность становилась лучше (*Арс.*).
4. После того как книга была написана и приготовлена к печати, мне захотелось перед публикацией познакомить с ней её главного героя (*Б. Пол.*).
5. В то время как она выходила из гостиной, в передней послышался звонок (*Л.Т.*).
6. Прежде чем я остановился в этом берёзовом леску, я со своей собакой прошёл через высокую осиновую рощу (*Тург.*).
7. Едва он отъехал несколько шагов, как туча, с утра угрожавшая дождём, надвинулась и хлынул ливень. (*Л.Т.*).
8. Прежде чем решить что-либо, нам нужно хорошо подумать (*М.Г.*).

연습문제 165 다음 문장을 읽고 의미상 시간의 종속절과 관련되는 단문의 단어들을 찾으시오.

보기: после лекций — когда окончатся лекции

1. После занятий я сразу пойду домой. Когда окончатся занятия, я сразу пойду домой.
2. Он вошёл в аудиторию со звонком. Он вошёл в аудиторию, когда звенел звонок.
3. Он вошёл в аудиторию после звонка. Он вошёл в аудиторию, когда прозвенел звонок.
4. Мы вышли из дома после восхода солнца. Мы вышли из дома, когда взошло солнце.
5. Мы вышли из дома с восходом солнца. Мы вышли из дома, когда всходило солнце.
6. В возрасте двадцати лет я поступил работать на завод. Я поступил работать на завод, когда мне было двадцать лет.
7. По возвращении в родное село он снова стал трактористом. Когда он вернулся (возвратился) в родное село, он снова стал трактористом.

연습문제 166 이텔릭체로 되어 있는 문장의 이차성분을 접속사 когда; после того как;

до тех пор, пока ; по мере того как; пока не; прежде чем 등을 사용하여 시간의 종속절로 바꾸시오.

1. *С началом лета* детей всегда отправляли за город на дачу.
2. *По окончании техникума* брат поступил на завод.
3. *С наступлением вечера в* горах стало темно.
4. *По возвращении в родной город* она опять стала работать на фабрике.
5. *До завершения этой работы* он не может уехать отсюда.
6. *По мере нашего продвижения* в глубь леса идти становится всё труднее.
7. *До полного выздоровления* ему нельзя выходить из дома.
8. *Перед отъездом в командировку* обязательно зайти ко мне.
9. *Во время войны* она работала сестрой в госпитале.

연습문제 167 두 개의 단문으로 접속사 с тех пор как; пока; по мере того как; пока не; после того как 등을 가진 종속복문을 만드시오. 이텔릭체로 된 문장을 주절로 만드시오.

1. Ребёнок заснул. *Мать вышла из комнаты.*
2. *Он почти не изменился.* Мы виделись в последний раз.
3. Друзья разговаривали. *Он успел сходить в магазин.*
4. Альпинисты поднимались в гору. *Становилось холоднее.*
5. *Садись и работай.* Всё задание будет выполнено.

연습문제 168 접속사 когда, в то время как, по мере того как, после того как, с тех пор как, как только, прежде чем을 사용하여 시간의 종속절을 가진 종속복문을 만드시오.

◆◆◆

합성 접속사의 구두점

시간의 종속절에서 접속어는 단일 접속어(예: когда, пока)도 되고 합성 접속어(예: как только, с тех пор как, в то время как, по мере того как, после того как, до того как, перед тем как)도 된다.

만약 종속절이 합성 접속사에 의하여 주절과 결합되어 있으면 쉼표는 접속사 앞에서 한번 찍힌다.

Мы ни разу не встретились, с тех пор как расстались.
'우리는 헤어진 후 한번도 만나지 못했다.'

그러나 종속절의 의미와 논리적 강세에 따라서 합성 접속사는 두 부분으로 나누어질 수도 있다. 이 경우에 쉼표는 합성 접속사의 두 번째 부분 앞에 놓인다. 구어에서는 이 위치에 잠깐 쉰다.

Мы ни разу не встретились с тех пор, как расстались.
'우리는 헤어진 후 한번도 만나지 못했다.'

◆◆

목적의 종속절을 가진 종속복문

목적의 종속절은 주절에서 언급되는 것의 목적을 가리키고 зачем? '무슨 목적으로?' для чего? '무엇을 위해서?' с какой целью? '어떤 목적으로?'의 질문에 대답한다.

Чтобы сократить путь, мы пошли к речке напрямик через сырые луга (*Гайд*).
'길을 가로질러 가기 위하여 우리는 습기가 많은 초원을 가로질러 곧장 강으로 걸어가기 시작했다.'

Стеклянная дверь на балкон была закрыта, **чтобы из сада не несло жаром** (*А.Т.*).
'정원에서부터 열기가 들어오지 않도록 발코니 쪽으로 나 있는 유리문이 닫혀 있었다.'

목적의 종속절에서는 접속사 **чтобы**만 사용된다. 주절에서 지시어 **для того, с тем, затем**가 사용될 수 있다.

Я записал адрес **для того**, чтобы не забыть.
'나는 잊지 않도록 주소를 적어 두었다.'

Я вернулся **с тем**, чтобы предупредить вас.
'나는 당신에게 미리 경고하기 위해서 돌아왔다.'

Я пришёл не **затем**, чтобы спорить с вами.
'내가 여기 왔던 것은 당신과 논쟁하기 위한 것이 아니다.'

목적의 종속절에서 술어는 동사원형 또는 과거시제형태가 될 수 있다.

Я пришёл, чтобы **сообщить** вам об этом.
'나는 당신에게 이것을 알려주려고 왔다.'

Я пришёл, чтобы вы **рассказали** мне об этом.
'나는 당신이 나에게 이것을 말해주도록 왔다.'

접속사 **чтобы**를 가진 종속절에 주어가 있으면 술어는 항상 주절과 종속절에서 언급되는 행위시제와 관계없이 과거시제 형태로 된다.

Я **говорю** ему об этом, **чтобы он не забыл**.
'나는 그가 잊지 않도록 그에게 이것에 관하여 말한다.'

Я **сказал** ему об этом ещё раз, **чтобы он не забыл**.
'나는 그가 잊지 않도록 그에게 이것에 관하여 말했다.'

Я **скажу** ему об этом ещё раз, **чтобы он не забыл**.
'나는 그가 잊지 않도록 그에게 이것에 관하여 말할 것이다.'

종속절이 무인칭문이라면 술어도 과거시제 형태로 될 수 있다.

Я **дал** ребёнку книжку с картинками, **чтобы ему не было скучно**.
'나는 아이가 지루하지 않도록 아이에게 그림책을 주었다.'

Он **закрыл** окно, **чтобы в комнате не было холодно**.
'그는 방이 춥지 않도록 창문을 닫았다.

접속사 **чтобы**를 가진 종속절에서 만약 종속절의 술어가 주절의 술어와 동일한 행위자에 관계되면 일반적으로 주어가 쓰이지 않는다. 이 경우에 종속절의 술어는 동사원형으로 된다.

Мы пошли быстрее, **чтобы догнать друга**.
'우리는 친구를 추월하기 위하여 더 빨리 달리기 시작했다.'

Дети принесли цветов, **чтобы украсить класс**.
'어린아이들은 교실을 장식하기 위하여 꽃을 가지고 왔다.'

У меня было время, **чтобы отдохнуть**.
'나는 휴식할 시간이 있었다.'

Ему нужно два дня, **чтобы написать доклад**.
'그는 그가 보고서를 쓰는데 이틀이 필요하다.'

접속사 **чтобы**를 가진 목적의 종속절은 주절 앞과 뒤에 있을 수 있다.

Ему нужно два дня, **чтобы написать доклад**.
'그가 보고서를 쓰는데 이틀이 필요하다.'

Чтобы написать доклад, ему нужно два дня.
'그가 보고서를 쓰는데 이틀이 필요하다.'

연습문제 169 왼쪽 문장의 종속절에서 왜 동사원형이 사용되고 오른쪽 문장의 종속절에서 과거시제가 사용되었는지 설명하시오.

1. Я пришёл к тебе, чтобы тебе помочь. — Я пришёл к тебе, чтобы ты мне помог.

2. Я взял письмо, чтобы передать его брату. — Я положил письмо на стол, чтобы брат сразу увидел его.

3. Они разговаривали тихо, чтобы не разбудить ребёнка. — Мать накрыла лампу платком, чтобы свет не мешал ребёнку спать.

연습문제 170 문장을 완성하시오.

1. Мы приехали в Москву, чтобы ...
2. Я пришёл к другу, чтобы вместе с ним ...
3. Я пришёл к другу, чтобы он ...
4. Рыбак привязал лодку, чтобы она ...
5. Дети пошли к реке, чтобы ...
6. Брат позвал сестру, чтобы она ...
7. Мы часто встречались, чтобы ...
8. Командир послал разведчика, чтобы он ...

연습문제 171 다음 문장에서 주절과 종속절을 지적하고 종속절의 술어 형태에 유의하시오.

1. Всякое дело надо любить, чтобы его хорошо делать (*М.Г.*).
2. Для того, чтобы хорошо изобразить, художник должен прекрасно видеть и даже предвидеть (*М.Г.*).
3. Для того, чтобы литературное произведение заслужило титул художественного, необходимо придать ему северщенную словесную форму (*М.Г.*).
4. Нужно было сломать старый дом, чтобы на его месте построить новый.
5. Взрослые, чтобы не мешать молодёжи, перешли во вторую комнату (*Н.О.*).
6. Вронский пошёл за кондуктором в вагон и при входе в отделение остановился, чтобы дать дорогу выходившей даме (*Л.Т.*).
7. Я только что пообедал и прилёг на походную кроватку, чтобы отдохнуть немного после довольно удачной, но утомительной охоты (*Тург.*).
8. А чтобы ещё интересней И легче казалось идти, Он пел, и весёлая песня Ему помогала в пути (*Михалк.*).

연습문제 172 단문을 접속사 чтобы를 가진 종속복문으로 바꾸시오.

보기: Для орошения полей мы строим идростанции и каналы.
Мы строим гидростанции и каналы, **чтобы** орошать поля.

1. В Москву для участия в футбольном сотязании приехала команда из Киева.
2. Командир послал бойца для связи со штабом.

◆◆

원인의 종속절을 가진 종속복문

원인의 종속절은 주절에서 언급되는 것의 원인을 지시하고, почему? '왜?' из-за чего? '무엇 때문에?' по какой причине? '어떤 원인으로?' отчего? '무엇 때문에?' 등에 대답한다.

На улицах было много народу, **потому что был праздник**.
'거리에는 축제였기 때문에 많은 사람들이 있었다.'

Так как мы работали без перерыва, мы устали.
'우리는 쉬지 않고 일했기 때문에 지쳤다.'

Спать не хотелось, **ибо на душе было неспокойно, тяжело** (*Чех.*).
'마음이 불안하고 어려웠기 때문에 자고 싶었다.'

원인의 종속절에는 다음의 접속사들이 사용된다:

потому что '…때문에', **так как** '…이기 때문에', **ибо** '…이므로', **оттого что** '…때문에', **вследствие того что** '…때문에', **ввиду того что** '…때문에', **в силу того что** '…때문에', **поскольку** '…때문에', **из-за того что** '…때문에'

상기의 접속사는 동의 접속사이다.
접속사 **потому что, ибо**를 가진 종속절은 항상 주절 뒤에서만 올 수 있다.
접속사 **так как**을 가진 종속절은 주절 뒤뿐만 아니라 주절 앞에도 올 수 있다.
접속사 **потому что**는 문어체와 구어체에서 가장 많이 사용된다.
접속사 **ибо**는 보통 문어체에서 사용된다.

합성 접속사 **вследствие того что, ввиду того что, благодаря тому что, в силу того что, поскольку**는 일반적으로 구어체에서와 문어체에서 사용된다.

что가 포함되어 있는 모든 원인의 합성 접속사는 두 부분으로 나누어질 수 있다: 접속사의 첫 부분(**потому, оттого, вследствие того, ввиду того, в силу того, из-за того**)은 주절에 위치하고, 두 번째 부분(**что**)은 종속절에 위치하게 된다. 이 경우 원인이 강조되고 접속사의 첫 부분에 강세가 놓인다.

Он не мог спать только **потому, что** испытывал слишком большую, волнующую радость жизни (*Л.Т.*).
'그는 엄청나게 크고 흥분시키는 생활의 기쁨을 경험했다는 그 이유만으로 잠을 잘 수 없었다.'

Оттого нам невесело и смотрим мы на жизнь так мрачно, что не знаем труда (*Чех*).
'우리는 노동을 알지 못하기 때문에 우리는 기쁘지 않고 삶을 참으로 우울하게 바라본다.'

만약 합성 접속사의 부분이 주절에 포함되어 있으면, 원인의 종속절은 주절 앞에 (합성 접속사의 뒤에) 놓일 수 있다.

Оттого, что мы встали очень рано и потом ничего не делали, этот день казался очень длинным, самым длинным в моей жизни (*Чех.*).
'우리는 매우 일찍 일어나서 아무 것도 하지 않았기 때문에 이 날은 나의 삶에서 매우 길고 매우 지루하게 여겨졌다.'

주절에서 다음의 단어들도 접속사와 함께 사용될 수 있다:

по случаю того '... 때문에', по причине того '... 때문에', благодаря тому '... 덕분에', по той причине '... 때문에'

Благодаря тому, что был применён новый метод, нормы перевыполнялись.
'새로운 방법이 사용된 덕분에 작업 기준량이 초과 달성되었다.'

연습문제 173 문장을 완성하시오.

1. Дети вчера не гуляли, потому что ...
2. Всем было весело, потому что ...
3. Я опоздал, потому что ...
4. Нужно спешить, потому что ...
5. Я пошёл в библиотеку, потому что ...

연습문제 174 각각의 단문으로 접속사 потому что 또는 так как을 가진 복문을 만드시오.

보기: Студент не понял вопроса. Студент ответил неправильно.
Студент ответил неправильно, потому что он не понял вопроса.

1. В самом начале я сделал ошибку. Я не мог решить задачи.
2. Ярко светило солнце. Снег быстро таял.
3. Он был болен. Он не был на занятиях.
4. Было уже поздно. Мы пошли домой.
5. Все быстро заснули. Все очень устали.
6. Деревья стали желтеть. Приближалась осень.
7. Вода в реке сильно поднялась. Целую неделю шли дожди.
8. Тучи закрыли луну. Стало совсем темно.
9. На факультете никого не было. Лекции давно кончились.
10. У меня не было этой книги. Я пошёл в библиотеку.

연습문제 175 단어 поэтому를 사용하여 두 단문을 복문으로 바꾸시오.

보기: Студент не понял вопроса. Студент ответил неправильно.
Студент не понял вопроса, поэтому он ответил неправильно.

1. Дорога была скверная. За пять часов мы не проехали и двадцати километров.
2. Зимние дни довольно коротки. Зимой после обеда уже темно.
3. Земля вращается вокруг своей оси. Смена дня и ночи происходит.
4. Пошёл дождь. Наша прогулка не состоялась.
5. До начала лекции оставалось 5 минут. Мы очень спешили.

연습문제 176 단문을 접속사 потому что를 가진 복문으로 바꾸시오.

보기: Благодаря опыту и знаниям, он работает хорошо.
Он работает хорошо, потому что у него есть опыт и знания.

1. Уборка урожая задерживалась из-за плохой погоды.
2. Мальчик учится отлично, благодаря хорошим способностям и усидчивости.
3. Ученик сделал ошибку по невнимательности.
4. От скуки он стал читать старые журналы.
5. Трава была мокрой от дождя.
6. От волнения он не мог сказать ни слова.
7. Она не хочет признать ошибку из упрямства.
8. Мальчик по неосторожности разлил чернила.
9. Дети не пошли в школу из-за сильного мороза.

연습문제 177 원인의 상황을 원인의 종속절로 바꾸시오.

1. Степан Аркадьич в школе учился хорошо, благодаря своим хорошим способностям (*Л.Т.*).
2. От множества мягкой и красивой мебели в комнате было тесно (*М.Г.*).
3. Свежая листва зашевелилась от набежавшего ветерка (*Л.Т.*).
4. По случаю волнения на море, пароход пришёл поздно, когда уже село солнце (*Чех.*).
5. С некоторого времени свидания в роще были прекращены по причине дождливой погоды (*П.*).
6. Луговые цветы в этом году, благодаря постоянным дождям, необыкновенно ярки и пышны (*Приш.*).
7. Я сел за стол у распахнутого окошка, подвинул к себе листок бумаги и от нечего делать взялся сочинять стихи (*Гайд.*).

연습문제 178 구두점의 배열에 유의하고 문장을 표현력이 풍부하게 읽으시오.

1. Он не мог спать только потому, что испытывал слишком большую, волнующую радость жизни (*Л.Т.*).
2. Я никогда не видел так много звёзд. И оттого, что в небе шевелились звёзды, всё на земле казалось особенно неподвижным, застывшим (*Ант.*).
3. Была грустная августовская ночь, — грустная потому, что уже пахло осенью (*Чех.*).
4. Нужно было остановить лошадь, так как наша прямая дорога обрывалась и уже шла вниз по крутому, поросшему кустарником скату (*Чех.*).
5. Жизнь всегда выше искусства, потому что искусство есть только одно из бесчисленных проявлений жизни (*Бел.*).
6. Великий поэт, говоря о себе самом, о своём я, говорит об общем — о человечестве, ибо в его натуре лежит всё, чем живёт человечество (*Бел.*).

◆◆

결과의 종속절을 가진 종속복문

결과의 종속절은 주절에서 언급되는 것의 결과를 표현한다.

Я сделал ошибку в начале вычисления, **так как надо было всё**

начинать сначала (*Л.Т.*).
'계산의 첫 부분에 실수를 해 버렸다. 그래서 모든 것을 처음부터 다시 시작해야 했다.'

Дождь лил как из ведра, **так что выйти на крыльцо было невозможно** (*Акс.*).
'비가 억수같이 내렸다. 그래서 현관으로 나갈 수가 없었다.'

결과의 종속절은 접속사 **так что**에 의하여 주절과 결합된다.

연습문제 179 문장에서 빠져 있는 쉼표를 치시오.

1. Кругом было тихо так что по жужжанию комара можно было следить за его полётом (*Л.*).
2. Лёд на реке тоже истончился и посинел, а местами уже и тронулся так что идти на лыжах было опасно (*Павл.*).
3. День был хороший. Белые, причудливых форм тучки с утра показались на горизонте; потом все ближе и ближе стал сгонять их маленький ветерок так что изредка они закрывали солнце (*Л.Т.*).

◆◆

행위양태의 종속절을 가진 종속복문

행위양태의 종속절은 주절의 행위가 어떻게 발생하는지 보여준다. 이들은 как? '어떻게' каким образом? '어떤 방식으로' 등에 대한 질문에 대답하고 주절의 술어에 관계된다.

Я передаю этот рассказ так, **как мне удалось его запомнить** (*А.Т.*).
'내가 그 이야기를 잘 기억할 수 있도록 나는 이 이야기를 전달하고 있다.'

Мы втроём начали беседовать, **как будто век были знакомы** (*П.*).
'우리는 오랫동안 알고 지낸 것과 같이 우리는 둘이서 대화를 시작했다.'

행위양태의 종속절에서 다음의 접속사가 사용된다: **как** '...처럼', **что** '...라고', **чтобы** '..하도록', **будто** '...처럼', **как будто** '마치 ...인 것처럼', **будто бы** '마치 ... 처럼'

주절에서 술어 앞에는 일반적으로 지시어 **так**이 놓인다.

Дядюшка пел **так**, как поёт простой народ (*Л.Т.*).
'아저씨는 평민이 노래하듯이 그렇게 노래했다.'

◆◆◆

행위양태의 종속절에서 접속사

☑ 접속사 как

1. 접속사 как을 가진 종속복문에서는 종속절에서 언급되는 소망, 요청, 명령, 충고 또는 제의가 주절의 행위와 일치하는지 일치하지 않는지를 표현할 수 있다.

Поступай, **как** хочешь.
'네가 원하는 데로 행동하라.'

Я всё сделал так, **как** мне советовали.
'나에게 충고했던 대로 그렇게 나는 모든 것을 다 했다.'

Всё произошло не так, **как** я предполагал.
'모든 것이 발생하였던 것은 내가 제의하였던 대로는 아니었다.'

2. 접속사 **как**을 가진 종속복문에서는 비교를 표현할 수 있다. 비교를 표현하는 행위양태의 종속절(비교적 종속절)은 자주 불완전문장이 될 수 있다. 이 속에는 술어와 이미 주절에서 언급된 다른 문장 성분도 생략된다.

Они встретились, **как братья**.
'그들은 형제들과 같이 만났다.'
(완전한 문장: Они встретились, как встречаются братья.)

Я любил его, **как брата**.
'나는 그를 형제처럼 사랑했다.'
(완전한 문장: Я любил его, как любят брата.)

Эта книга нужна мне так же, **как и тебе**.
'이 책은 너와 마찬가지로 그렇게 나도 필요하다.'
(완전한 문장: Эта книга нужна мне так же, как она нужна тебе.)

Сердце его замерло, как перед прыжком с высоты (*Н.О.*).
'그의 심장은 높은 곳에서 뛰어내리기 전과 같이 얼어붙어버렸다.'

(완전한 문장: Сердце его замерло, как замирает сердце перед прыжком с высоты.)

불완전 비교문을 비교구문이라고 한다.

만약 비교구문이 비교급 형용사와 부사와 관계되면 그 구문은 접속사 **как**이 아니라 **чем**에 의하여 연결된다.

Сегодня так же холодно, **как** вчера.
'오늘은 어제만큼 춥다.'

Сегодня холоднее, **чем** вчера.
'오늘은 어제보다 더 춥다.'

Она любила его, **как** своего сына.
'그녀는 그를 자기 아들같이 사랑했다.'

Она любила его больше, **чем** своего сына.
'그녀는 그를 자기 아들보다 더 사랑했다.'

☑ 접속사 как будто (будто)

접속사 **как будто (будто)**를 가진 종속복문에서도 비교가 표현된다. 접속사 **как будто**는 주절의 행위가 실제로 실현되지 못하는 어떤 비현실적인 것과 비교된다.

Я чувствовал себя так, **как будто** гора свалилась с моих плеч (*Гарш.*). '나는 마치 산이 내 어깨에서 떨어져 나가는 듯한 느낌이었다.'

아래 문장을 비교하시오.

접속사 как будто를 가진 문장	접속사 как를 가진 문장
Они встретились так, **как будто** они близкие друзья. '그들은 마치 가까운 친구인 것같이 만났다.'(실제로는 가까운 친구가 아님.)	Они встретились так, **как** встречаются близкие друзья. '그들은 가까운 친구들이 만나는 것같이 그렇게 만났다.'

Она любит его так, **как будто** он её родной сын. '그녀는 마치 그가 그녀의 친 자식인 것같이 그를 사랑했다.'(실제로는 친 자식이 아님.)	Она любит его так, **как** любят родного сына. '그녀는 친 자식을 사랑하듯이 그를 사랑한다.'

접속사 **как будто**를 가진 비교적 종속절은 접속사 **как**을 가진 비교적 종속절과 달리 보통 불완전 문장일 때가 없다.

접속사 **точно**와 **словно**는 접속사 **как будто**와 동의어이다.

Я так устал, **как будто (словно, будто, точно)** работал без отдыха целые сутки.
'나는 하루 종일 쉬지 않고 일이라도 한 것같이 그렇게 피곤했다.'

접속사 **как будто**는 종종 접속사 **как если бы**와 교체할 수 있다. 그러나 접속사 **как если бы**를 가진 문장에서는 과거시제 형태가 반드시 사용된다.

Они встретились так, **как будто** они близкие друзья.
'그들은 마치 가까운 친구인 것같이 만났다.'

Они встретились так, **как если бы** они были близкими друзьями.
'그들은 마치 가까운 친구인 것같이 만났다.'

☑ 접속사 что와 чтобы

접속사 **что**를 가진 행위양태의 종속절은 결과의 의미의 뉘앙스를 가진다.

Он объяснял так, **что** слушатели легко его понимали.
'그는 청취자들이 그의 말을 쉽게 이해하도록 그렇게 설명했다.'

Он начал дело так, **что** все почувствовали к нему уважение.
'그는 모두가 그에게 존경심을 느끼도록 그렇게 일을 시작했다.'

접속사 **чтобы**를 가진 행위양태의 종속절은 목적의 의미의 뉘앙스를 가진다. 접속사 **чтобы**는 주절에서 술어가 명령형으로 표현되거나 아니면 술어의 성분에 소망, 의미 또는 필연성을 표현하는 단어가 있을 때 사용된다.

Говори так, **чтобы** тебя понимали.
'너의 말을 이해하도록 그렇게 말하시오.'

Надо писать так, **чтобы** каждый мог прочитать.
'모두가 읽을 수 있도록 그렇게 써야 한다.'

행위양태의 종속절이 접속사 **что**나 **чтобы**에 의하여 결합되면, 주절에서 지시어 **так**의 사용이 필수적이다.

연습문제 180 행위양태의 종속문을 지적하고 접속사의 사용을 설명하시오.

1. Некрасов учил писать и говорить так, «чтобы словам было тесно, а мыслям просторно».
2. Сегодня я чувствую себя так, как будто гора свалилась с моих плеч (*Гарш.*).
3. Они тдудились на протяжении всех дней войны, как если бы это был один день (*Фад.*).
4. Мы побежали наверх одеваться так, чтобы как можно больше походить на охотников (*Л.Т.*).
5. Когда он опустился на скамью, то прямой стан его согнулся, как будто у него в спине не было ни одной косточки (*Л.*).

연습문제 181 종속절에 동사 хотеть, обещать, решить, мочь, просить, советовать 등을 사용하여 행위양태의 종속절을 완성하시오.

1. Поступай так, как ______
2. Мне удалось всё сделать так, как ______
3. Всё было организовано не так, как ______
4. Ты сделал всё так, как ______
5. Он помогал нам так, как ______
6. Она выполнила поручение так, как ______

연습문제 182 주절을 완성하시오.

1. ____ так, как я считаю нужным.
2. ____ так, как меня учили.
3. ____ так, как вам угодно.
4. ____ не так, как я себе представлял.

5. ____ не так, как мы ожидали.
6. ____ так, как надо.
7. ____ так, как тебе нравится.
8. ____ так, как его просили.

연습문제 183 단문을 행위양태의 종속복문으로 바꾸시오.

1. Она всегда поступала согласно своему желанию.
2. Мы организовали всё в соответствии с решением собрания.

연습문제 184 다음 문장을 읽고 비교구문을 찾으시오.

1. Мы веселились, как дети (*Тург.*).
2. Анна Сергеевна и он любили друг друга, как очень близкие, родные люди, как муж и жена, как нежные друзья (*Чех.*).
3. Я хожу в театр, как на праздник (*Пауст.*).
4. Впечатления жизни захватили её, как птицу буря (*А.Т.*).
5. Меня тянет к озеру, как чайку (*Чех.*).
6. Он никогда ещё так не говорил с нею, как в тот вечер (*Тург.*).
7. Он говорил с ней, как с другом, как с мужчиной (*Пауст.*).
8. Народ относится к своим великим людям, как почва к растениям, которые производит она (*Бел.*).

연습문제 185 보기와 같이 형용사, 명사, 접속사 как을 사용하여 비교구문을 만드시오.

белый, чёрный, тёмный, горячий, холодный, круглый, сладкий, прозрачный, голубой, твёрдый, лёгкий, упрямый, хитрый, трусливый

보기 : острый, как нож

명사 : шар, сахар, снег, лёд, ночь, огонь, пух, небо, камень, заяц, осёл, лиса, стекло, уголь

연습문제 186 아래에 주어진 단어를 사용하여 문장을 쓰시오.

бояться как огня; спешить как на пожар; знать как свои пять пальцев; ползти как черепаха; отражаться как в зеркале; спать как убитый; сидеть как на иголках

연습문제 187 비교구문을 완전한 비교 종속절로 바꾸시오.

보기: Я знаю его так же, как и ты.
Я знаю его так же, как знаешь его ты.

Я знаю его так же, как тебя.
Я знаю его так же, как знаю тебя.

1. Этот человек относится ко мне так же, как ты. Этот человек относится ко мне так же, как к тебе.
2. Он уважает вас так же, как все. Он уважает вас так же, как всех.
3. Он со мной так же откровенен, как с тобой. Он со мной так же откровенен, как ты.

연습문제 188 왼쪽과 오른쪽 문장의 의미상의 차이를 설명하시오.

1. Она распоряжается в доме, как хозяйка.	Она распоряжается в доме, как будто она хозяйка.
2. Он смотрит на меня, как на врага.	Он смотрит на меня, как будто я его враг.

연습문제 189 왼쪽과 오른쪽의 동의 문장을 비교하시오. 비교구문의 명사의 격이 무엇과 종속관계가 있는지 설명하시오.

1. Ни один вопрос не интересует меня так, как меня интересует этот вопрос.	Ни один вопрос не интересует меня так, как этот.
2. Этот вопрос интересует меня так же, как он интересует вас.	Этот вопрос интересует меня так же, как вас.
3. Я ни с кем не бываю так откровенен, как я откровенен с тобой.	Я ни с кем не бываю так откровенен, как с тобой.
4. У него возник такой же вопрос, какой возник у меня.	У него возник такой же вопрос, как у меня.
5. Он задал такой же вопрос, какой задал я.	Он задал такой же вопрос, как я.
6. Нельзя доверять такому человек у, каким является он (каков он).	Нельзя доверять такому человеку, как он.

7. Нельзя ставить в пример такого человека, каким является он.	Нельзя ставить в пример такого человека, как он.

연습문제 190 빈 칸에 사격으로 된 단어 друг을 넣으시오. 필요하면 전치사를 사용하시오.

1. Он встретил тебя, как ______
2. Он всегда советуется с тобой, как ______
3. Он всегда говорит о тебе, как ______
4. Он надеется на тебя, как ______
5. Он доверяет тебе, как ______
6. Он относится к тебе, как ______

연습문제 191 빈 칸에 대명사 он을 필요한 격으로 바꾸어 넣으시오. 필요하면 전치사를 사용하시오.

1. Я никого так не уважаю, как ______
2. Я ни о ком не слышал так много хорошего, как ______
3. Никто для меня так много не сделал, как ______
4. Эта книга нужна мне так же, как и ______
5. У меня так же много нерешённых вопросов, как и ______
6. Меня этот вопрос волнует так же, как ______
7. Я ни одного человека не знал так хорошо, как ______
8. Я слушал лекцию с таким же интересом, как ______
9. У меня возник такой же вопрос, как ______
10. Я задал такой же вопрос, как ______
11. Можно ли надеяться на такого человека, как ______?
12. Нельзя доверять такому человеку, как ______

연습문제 192 빈 칸에 접속사 чем이나 как을 넣으시오.

1. Я интересуюсь физикой, ______ и мой друг. Я интересуюсь физикой больше, ______ мой друг.
2. Больной чувствует себя так же, ______ вчера. Больной чувствует себя гораздо лучше, ______вчера.
3. Он говорит по-русски более свободно, ______ раньше. Он говорит по-русски так же, ______ раньше.
4. Эта книга мне нужнее, ______ тебе. Эта книга нужна мне так же, ______ тебе.
5. В доме было так же холодно, ______ на улице. В доме было холоднее, на улице.

6. Он казался таким же усталым, ____ вчера. Он казался более усталым, ____ вчера.

◆◆

등급과 정도의 종속절을 가진 종속복문

등급과 정도의 종속절은 등급과 행위 정도 또는 성질을 가리키고 как? '얼마나?' насколько? '어느 정도?' в какой мере? '어느 정도로?' в какой степени? '어느 정도로?' сколько? '얼마나?'의 질문에 대답한다.

Через четверть часа я подошёл настолько близко к огню, **что мог рассмотреть всё около него** (*Арс*.).
'15분 후에 나는 등불 쪽으로 매우 가까이 다가가서 등불 가까이에 있는 모든 것을 볼 수 있었다.'

После дождя было слишком мокро, **чтобы идти гулять** (*Л.Т.*).
'비가 내린 후에 산책하러 가기에는 너무 축축했다.'

Мы должны взять столько продуктов, **сколько понадобится на неделю**.
'우리는 일주일동안 필요한 만큼의 식량을 가지고 가지 않으면 안되었다.'

등급과 정도의 종속절에서는 접속어 **насколько** '...만큼', **сколько** '...만큼' 그리고 접속사 **что, чтобы, как, как будто**가 사용된다.

주절에서 다음의 지시어들이 사용될 수 있다: **столько** '그만큼', **столь** '그만큼', **настолько** '그만큼', **так** '그렇게', **до того** '...정도로':

Он был **настолько** требователен, насколько должен быть требователен руководитель.
'그는 감독이 엄격해야 하는 것만큼 그렇게 엄격했다.'

Мы должны взять **столько** продуктов, сколько понадобится на неделю.
'우리는 일주일동안 필요한 만큼의 식량을 가지고 가지 않으면 안되었다.'

Я стучал **так** сильно, как только мог.
'나는 할 수 있는만큼 그렇게 강하게 두드렸다.'

Мы **до того** устали, что не могли сдвинуться с места.
'우리는 그 자리에서 꼼짝하지 못할 정도로 피곤했다.'

◆◆◆

등급과 정도의 종속절에서 접속사

☑ 접속사 что와 чтобы

주절에서 단어 **так** '너무', **настолько** '그만큼', **до того** '...정도로'가 사용되면, 종속절은 일반적으로 접속사 **что**에 의하여 결합된다.

아래 두 문장을 비교하시오.

Мы **так** устали, что не можем идти дальше.
'우리는 너무 지쳐서 더 이상 갈 수 없다.'

Сейчас **настолько** тепло, что уже можно ходить без пальто.
'지금 너무 따뜻해서 이미 외투 없이도 다닐 수 있다.'

Мы **слишком** устали, **чтобы** идти дальше.
'우리는 더 이상 가기에는 너무 지쳤다.'

Сейчас **достаточно** тепло, **чтобы** ходить без пальто.
'외투 없이 다니기에는 지금 충분히 따뜻하다.'

Сейчас **не настолько** тепло, **чтобы** можно было ходить без пальто.
'지금은 외투 없이도 다닐 수 있을 정도로 그렇게 따뜻하지는 않다.'

연습문제 193 등급과 정도의 종속절을 지적하고, 접속사 что와 чтобы의 사용을 설명하시오.

1. Горы и реки так походили друг на друга, что можно было легко ошибиться и пойти не по той дороге (*Арс.*).

2. Погода немного ухудшилась, но не настолько, чтобы помешать нашей экскурсии (*Арс.*).
3. С рассветом опять ударил мороз, мокрая земля замёрзла так, что хрустела под нагами (*Арс.*).
4. Он достаточно окреп, чтобы ходить (*Н.О.*).
5. Надя шла по тропинке до того наклонной, что иногда приходилось держаться за ограду палисадников (*Ант.*).

연습문제 194 주절에서는 단어 слишком을 사용하고 종속절에서는 접속사 чтобы를 사용하여 문장을 바꾸시오.

1. Он пришёл домой так поздно, что не мог заниматься.
2. Комната так мала, что в ней не могут жить два человека.
3. На дворе так холодно, что нельзя идти гулять.
4. Он чувствовал себя так плохо, что не мог встать с постели.
5. Он знает так мало, что не может учить других.
6. Чемодан был так тяжёл, что она не могла его нести.
7. Дорога была так узка, что машина не могла проехать.
8. Они шли так быстро, что их нельзя было догнать.
9. Он говорил так тихо, что его нельзя было понять.
10. Они сидели так далеко, что не могли слышать наш разговор.

비교 접속사 чем..., тем...을 가진 종속복문

접속사 **чем..., тем...** '...하면 할수록 더 ...'을 가진 종속복문은 상호 관련있는 두 부분으로 되어 있다; 복문의 각 부분에는 형용사나 부사의 비교급이 사용된다.

Чем больше она думала об этом, **тем** больше беспокоилась.
'그녀가 이것에 관하여 생각하면 할수록 그녀는 더 많이 불안해하였다.'

Чем дальше отряд углублялся в лес, **тем** труднее становилось идти.
'부대가 숲 속으로 깊숙하게 들어가면 갈수록 걸어가는 것이 더 어렵게 되었다.'

Чем темнее ночь, **тем** ярче звёзды.
'밤이 어두워지면 질수록, 별은 더 밝게 빛난다.'

접속사 **чем**..., **тем**...을 가진 복문에서 두 부분의 어느 쪽에 대해서도 질문을 할 수 없다. 이 때문에 주절과 종속절을 분리할 수 없다.

연습문제 195 접속사 чем ..., тем ...와 형용사와 부사의 비교급에 밑줄을 치시오.

1. Подъём был продолжительный и трудный. Чем выше мы поднимались, тем растительность становилась скуднее (*Арс.*).
2. Чем ниже мы спускались, тем гуще делался лес и тем тенистее дорога (*Пауст.*).
3. Костёр уже потухал. И чем скорее догорал огонь, тем виднее становилась лунная ночь (*Чех.*).
4. Чем выше солнце, тем больше птиц и веселее их щебет (*М.Г.*).
5. Чем разнообразнее опыт, тем выше он поднимает человека, тем шире становится поле зрения (*М.Г.*).
6. Чем выше поэт, тем больше принадлежит он обществу, среди которого родился (*Бел.*).

연습문제 196 문장을 완성하시오.

1. Чем выше мы поднимались в горы, тем ...
2. Чем больше он занимался этой работой, тем ...
3. Чем труднее была задача, тем ...
4. Чем лучше студенты знают русский язык, тем ...
5. Чем старше становились дети, тем ...
6. Чем ближе подходило время экзаменов, тем ...
7. Чем раньше ты возьмёшься за эту работу, тем ...
8. Чем ближе я узнавал этого человека, тем ...

◆◆

조건의 종속절을 가진 종속복문

조건의 종속절을 가진 종속복문은 주절에서 언급되는 것의 조건을 지시한다.

Если завтра будет хорошая погода, мы пойдём на экскурсию.
'만약 내일 날씨가 좋으면, 우리는 여행을 갈 것이다.'

Если бы была хорошая погода, мы поехали бы за город.
'만약 내일 날씨가 좋으면, 우리는 교외로 갈텐데.'

Раз дождя нет, значит можно идти дальше.
'비가 오지 않으면 계속해서 갈 수 있다는 말이다.'

조건적 종속절에서 접속사 **если** '만약 …라면', **когда** '…일때', **раз** '만약…한다면', **коль (коли)** '만약 ..이라면' 등이 사용된다. 가장 많이 사용되는 접속사는 **если**이다. 조건적 종속절에서 접속사 **когда**는 더물게 사용된다. 접속사 **коль (коли)**는 민화, 속담에서 사용된다.

Не будет скуки, **коли** заняты руки (*Посл.*).
'바쁘면 울적할 새도 없다.'

조건의 종속절을 가진 종속복문에는 다음의 두 가지 유형으로 나누어진다.

1. 첫 번째 유형으로 주절은 종속절에서 언급되는 조건에 따라서 발생하였고, 발생하고 있고 또는 발생할 수 있는 행동을 나타낸다.
   주절과 종속절의 술어 동사는 직설법으로 표현된다.

Читатель **ошибается**, если **представляет** себе тайгу в виде рощи (*Арс.*).
'만약 타이가를 숲으로 생각한다면 독자는 실수하는 것이다.'

Пешеход, если такая ночь **заставала** его на горной дороге, **находился** в смертельной опасности (*Павл.*).
'그런 밤중에 보행자를 산길에 두게 되었다면 보행자는 치명적인 위험에 직면하게 되었을 것이다.'

Если лёд на реке тронется, мы не сможем переправиться на тот берег. '만약 강의 얼음이 움직이기 시작하면, 우리는 강의 저쪽 기슭으로 건너가지 못할 수 있다.'

이 유형의 조건 종속절에서는 종종 접속사 **раз**가 사용된다. 접속사 **раз**는 실제적으로 발생한 조건을 가리킨다.

Раз ты не знаешь, молчи.
'너가 모르면 조용히해라.'

Раз вы устали, кончим работу.
'피곤하면 일을 그만 마칩시다.'

접속사 **раз**를 가진 문장에서의 술어는 일반적으로 현재시제나 완료상 과거시제로 된다.

만약 문장에 주어가 없으면, 조건문의 술어는 동사원형으로 된다. 그런 문장은 보편적인 의미를 가진다.

Если **экономить**, то средств хватит.
'만약 절약하면 생계비는 충분하다.'

Если **работать** по-новому, можно перевыполнить план.
'새로운 방법으로 일하면, 계획을 초과 달성할 수 있다.'

2. 두 번째 유형으로 주절에서는 실제의 행위를 말하는 것이 아니라 단지 가능한 조건에 대하여 말하고, 종속절에서는 이 행위의 가능한 조건에 대하여 말한다. 이 때 주절과 종속절의 술어는 조건법으로 되어 있다.

Если бы вы пришли вовремя, мы **успели бы** кончить работу.
'당신이 제 시간에 도착했더라면, 우리가 일을 끝마칠 수 있었을 텐데'

두 번째 유형의 조건의 종속절에서 술어는 단수 명령법으로 될 수 있다. 그 때 종속절에서는 접속사가 없다.

Вернись он раньше, он застал бы нас.
(Если бы он вернулся он раньше, он застал бы нас. 라고 할 수 있다.)
'그가 좀 일찍 돌아왔더라면, 그는 우리를 만났을 텐데.'

Не будь он архитектором, он стал бы художником.
(Если бы он не был архитектором, он стал бы художником. 라고 할 수 있다.) '그가 건축가가 되지 않았더라면 그는 예술가가 되었을 텐데.'

조건의 종속절은 주절 앞에, 주절 다음에 또는 주절의 가운데에 있을 수 있다.

Если дождь перестанет, мы отправимся в путь завтра.
'비가 멎는다면, 우리는 내일 길을 떠날 것이다.'

Мы отправимся в путь завтра, **если дождь перестанет**.
'비가 멎는다면, 우리는 내일 길을 떠날 것이다.'

Завтра, **если дождь перестанет**, мы отправимся в путь.
'비가 멎는다면, 우리는 내일 길을 떠날 것이다.'

조건적 종속절이 주절 앞에 있을 때 주절의 첫 머리에 지시 소사 то나 так 또는 지시 부사 тогда가 올 수 있다.

Если же никого не было дома, **то** я оставился и ждал, разговаривал с няней, играл с ребёнком (*Чех.*).
'집에 어느 누구도 없다면, 나는 남아서 기다리거나, 유모와 이야기를 나누거나, 아이와 놀았을 것이다.'

연습문제 197 두 개의 단문을 가지고 접속사 если를 가진 종속복문을 만드시오.

1. Ночь будет тёплой. Мы будем ночевать под открытым небом.
2. Урожай будет хороший. Дожди пройдут вовремя.
3. Дождь будет продолжаться. Река выйдет из берегов.
4. Вы устали. Мы сделаем перерыв.
5. Я возьму эту книгу. Она тебе больше не нужна.
6. Книга останется у меня ещё на один день. Я успею прочитать её.
7. Я зайду к тебе вечером. Я успею.
8. Сегодня будет собрание. Я вернусь домой поздно.
9. Я напишу письмо. Хватит времени.

연습문제 198 종속절을 완성하시오.

1. Пошлите мне телеграмму, если ...
2. Лыжные соревнования не состоятся, если ...
3. Ты не опоздаешь, если ...
4. Нужно вызвать врача, если ...
5. Снег быстро растает, если ...
6. Я позвоню вам по телефону, если ...

연습문제 199 주절을 완성하시오.

1. Если вы будете писать внимательно ...
2. Если мы будем систематически заниматься ...
3. Если долго не будет дождя ...

4. Если поезд опоздает ...
5. Если ты пойдёшь в библиотеку ...
6. Если тебе не нужен словарь.

연습문제 200 종속절을 완성하시오.

A.
1. Я бы кончил работу сегодня вечером, если бы ...
2. Он написал бы сочинение без ошибок, если бы ...
3. Мы поехали бы за город, если бы ...
4. Я остался бы здесь, если бы ...
5. Он стал бы заниматься в нашем кружке, если бы ...
6. Мы могли бы переправиться на другой берег, если бы ...
7. Я принёс бы тебе книгу, если бы ...
8. Брат был бы инженером, если бы ...
9. Мы не добились бы успехов, если бы ...
10. Он бы не заболел, если бы ...

B.
1. Если бы ты хотел ...
2. Если бы было свободное время, ...
3. Если бы он попросил меня об этом, ...
4. Если бы мне не помогли друзья, ...
5. Если бы ты подождал, ...
6. Если бы бригада работала по-новому, ...
7. Если бы дождь застал нас в поле, ...
8. Если бы все так не устали, ...
9. Если бы можно было приехать, ...
10. Если бы мы не заблудились, ...

연습문제 201 이텔릭체로 된 단어를 조건의 종속절로 바꾸시오.

1. *С твоей помощью* я выполню эту работу.
2. *При желании* вы могли бы написать сочинение лучше.
3. *При попутном ветре* наша лодка двигалась бы очень быстро.
4. *Без этого дождя* урожай мог погибнуть.

연습문제 202 접속사 если를 가진 종속절을 이 접속사를 가지지 않는 종속절로 바꾸시오.

보기: Если бы они мне не помешали, я кончил бы работу сегодня вечером.
Не помешай они мне, я кончил бы работу сегодня вечером.

1. Если бы мы вышли двумя минутами раньше, мы не опоздали бы на поезд.
2. Если бы я не встретил вас случайно, я до сих пор ничего не знал бы об этом.
3. Если бы у нас были билеты, мы пошли бы в театр.
4. Если бы он мне сказал об этом, я бы помог.

연습문제 203 종속문에 밑줄을 치시오. 조건의 종속문의 술어 형태를 설명하시오.

1. Путевые записки необходимо делать безотлагательно на месте наблюдения. Если это не сделать, то новые картины, новые впечатления заслоняют старые образы, и виденное забывается (*Арс.*).
2. Упади на него целый сугроб, то и тогда бы, кажется, он не нашёл нужным стряхивать с себя снег (*Чех.*).
3. Это был редкий час затишья. Если не считать нескольких далёких пушечных выстрелов да коротенькой пулемётной очереди где-то в стороне, то можно было подумать, что в мире нет никакой войны (*Кат.*).
4. Помните, что наука требует от человека всей его жизни. И если у вас было бы две жизни, то и их не хватило бы вам (*Пав.*).
5. Ох, лето красное, любил бы я тебя, Когда б не зной, да пыль, да комары, да мухи (*П.*).

◆◆

양보의 종속절을 가진 종속복문

양보의 종속절은 несмотря на что? '무엇에도 불구하고?'의 질문에 대답한다.

Хотя наступил вечер, было очень жарко.
'저녁이 되었음에도 불구하고 매우 더웠다.'

Несмотря на то, что ветер свободно носился над морем, тучи были неподвижны. (*М.Г.*)
'바다 위에서 바람이 자유롭게 불었음에도 불구하고, 먹구름이 움직이지 않았다.'

양보의 종속절에서는 접속사 **хотя (хоть)** '비록 ...에도 불구하고'; **несмотря на то, что** '비록 ...에도 불구하고'; **пусть (пускай)** '가령 ...라고 할지라도'가 사용된다.

접속사 **хотя (хоть)**와 **несмотря на то, что**가 가장 많이 사용된다. 접속사 **хотя (хоть)**는 일반적으로 구어체에서 사용된다. 접속사 **несмотря на то, что**는 문어적인 뉘앙스를 가진다. 접속사 **пусть (пускай)**는 매우 드물게 사용된다.

Пусть нам трудно, мы не остановимся на полпути.
'어렵기는 하지만 도중에 멈추지는 않을 것이다.'

양보의 종속절에서는 접속사 **как**와 **сколько**가 양보소사 **ни**와 함께 사용될 수 있다.

Как ни старались мы добраться в этот день до самой высокой горы, нам сделать этого не удалось (*Арс.*).
'우리가 이 날에 산의 정상까지 도달하려고 아무리 노력하였음에도 불구하고, 우리는 이것을 이루지 못했다.'

Как ни жаль, мне пора идти.
'아무리 섭섭하지만, 가야 할 시간이다.'

접속사 **как ни**와 **сколько ни**를 접속사 **хотя** 또는 **несмотря на то, что**로 교체할 수 있다.

Несмотря на то, что мы старались мы добраться в этот день до самой высокой горы, нам сделать этого не удалось.
'우리가 이 날에 산의 정상까지 도달하려고 아무리 노력하였음에도 불구하고, 우리는 이것을 이루지 못했다.'

Хотя очень жаль, мне пора идти.
'아무리 섭섭하시만, 가야 할 시간이다.'

양보 종속절이 주절 앞에 있으면, 종속절과 주절 사이에 반의 접속사 **но**나 **однако**가 있을 수 있다.

Хотя ему было трудно, но он справился с работой.
'그는 어렵기는 했지만, 일을 해냈다.'

Как ни жаль расставаться, однако мне пора идти.
'헤어지기 섭섭하지만, 나는 가야 할 시간이다.'

〈여러 가지 종속문에서 접속사와 접속어〉

접속사와 접속어	보어적 종속문	한정적 종속문	주어적 종속문	술어적 종속문	목적의 종속문	행위양태의 종속문
접속사 чтобы	**Я хочу, чтобы он пришёл.** '나는 그가 오기를 원한다.'	**Ему хотелось такой работы, чтобы он мог отдавать ей все свои силы.** '그는 그가 그녀에게 자신의 모든 힘을 부여할 그런 일을 원했다.'	**Нужно, чтобы он пришёл.** '그가 오는 것이 필요하다.'		**Я послал ему письмо, чтобы он приехал.** '나는 그에게 그가 도착했다는 편지를 보냈다.'	**Рассказывай так, чтобы всё было понятно.** '모든 것이 이해가 되도록 그렇게 말해라.'
접속사 что	**Я знал, что вы не откажетесь помочь.** '나는 당신이 돕기를 거절하지 않을 것이라는 것을 알았다.'	**Поднялся такой ветер, что трудно было держаться на ногах.** '두 다리로 서 있기 힘들었던 그런 바람이 불었다.'	**Ясно, что работу нужно продолжать.** '일을 계속할 필요가 있는 것이 분명하다.'	**Ветер был такой, что трудно было держаться на ногах.** ' 바람은 두 다리로 서 있기 힘들었던 그런 정도였다.'		**Он рассказывал так, что всё было понятно.** '그는 모든 것이 이해가 되었다고 그렇게 말했다.'
접속어 что	**Я принёс то, что ты просил.** '나는 네가 부탁했던 것을 가져왔다.'	**Это та книга, что ты просил.** '이것은 네가 요청했던 그 책이다.'	**Здесь лежит то, что ты просил.** '여기에 네가 부탁했던 것이 놓여 있다.'	**Это то, что ты просил.** '이것은 네가 부탁했던 것이다.'		
접속어 кто	**Я не знал того, кто должен был прийти.** '나는 누가 와야 하는지 몰랐다.'	**Это был тот человек, кого все ждали.** '이 사람은 모든 사람들이 기다렸던 그 사람이다.'	**Пришёл тот, кого все ждали.** '모든 사람들이 기다렸던 그 사람이 도착했다.'	**Это был тот, кого все ждали.** '이 사람은 모든 사람들이 기다렸던 그 사람이었다.'		

연습문제 204 두 단문을 가지고 조건의 종속절 또는 양보의 종속절을 가진 문장으로 만드시오.

1. Был сильный мороз. Дети ходили гулять.
2. Было тепло. Дети ходили гулять.
3. Все устали. Мы сделаем перерыв.
4. Все устали. Мы будем продолжать работу.
5. Он получит телеграмму вовремя. Он приедет.
6. Он получил телеграмму вовремя. Он не приехал.
7. Давно светило солнце. Дороги ещё не высохли.
8. Появится солнце. Дороги скоро высохнут.
9. Я ушёл. Друзья просили меня остаться.
10. Я не ушёл бы. Друзья попросили бы меня остаться.

연습문제 205 접속사 хотя를 가진 종속절을 접속사 как ни를 가진 종속절로 바꾸시오. 어순에 유의하시오: 강조조사 ни가 관련되는 단어가 강조소사 바로 뒤에 놓여야 하는 것에 유의하시오.

보기: Хотя мы шли очень быстро, ночь застала нас в пути.
Как ни быстро мы шли, ночь застала нас в пути.

1. Хотя путь был очень труден, мы продвигались вперёд довольно быстро.
2. Хотя все очень просили его, он не согласился.
3. Хотя на вечере было очень весело, он не забыл о своей неудаче.
4. Хотя ученик очень старался решить задачу, это ему не удалось.

연습문제 206 이텔릭체로 된 어결합을 양보 종속절로 바꾸시오.

1. *Несмотря на поздний час*, на улице было много народу.
2. *Несмотря на свою занятость*, он находил время читать все новинки художественной литературы.
3. *При всём желании* я не могу принять ваше приглашение.
4. *Несмотря на свои способности*, он не справился с этой работой.

◆◆◆

여러 가지 종속절의 접속어

접속어	상황적 종속절	보어적 종속절	주어적 종속절	한정적 종속절
где	Мы отправились туда, где будет собрание. '우리는 모임이 개최될 곳으로 출발했다.'	Я спросил, где будет собрание. '나는 모임이 개최될 것을 물었다.'	Ещё неизвестно, где будет собрание. '모임이 개최될 곳은 아직 알려지지 않고 있다.'	Он придёт в зал, где будет собрание. '그는 모임이 개최될 강당에 도착할 것이다.'
когда	Мы уже не ждали его, когда он наконец пришёл. '그가 드디어 도착하였을 때 우리는 이미 그를 가디리지 않았다.'	Никто не знал, когда он вернулся. '어느 누구도 그가 언제 돌아오는 지를 알지 못했다.'	Никому не было известно, когда он вернулся. '그가 도착하였을 때는 어느 누구에게도 알려지지 않았다.'	Я помню то утро, когда он вернулся. '나는 그가 돌아왔던 그 아침을 기억하고 있다.'
как	Я сделал так, как он сказал. '나는 그가 말한데로 그렇게 했다.'	Я не слышал, как он это сказал. '나는 그가 이것을 어떻게 말했는지를 듣지 못했다.'	Мне нравится, как он это сказал. '나는 그가 이것을 말했던 태도가 마음에 든다.'	

연습문제 207 아래 주어진 문장에 구두점을 치시오.

1. Всё ещё пустынной была улица хоть серые тени рассвета уже дрожали на ней (*Горб.*).
2. Как ни хлопотали люди до поздней ночи ещё не всё могло быть уложено (*Л.Т.*).
3. Хотя кругом было ещё хмуро и сумрачно но уже чувствовалось что скоро выглянет солнце.
4. Как ни был повреждён и запылён портрет но когда удалось ему счистить с лица пыль он увидел следы работы выского художника (*Г.*).
5. Несмотря на то что меня осыпает дождевыми каплями рву мокрые ветки бью себя ими по лицу и упиваюсь их чудесным запахом (*Л.Т.*).
6. Как ни совершенно крыло птицы оно никогда не смогло бы поднять её

ввысь не опираясь на воздух. Факты — это воздух учёного. Без них вы никогда не сможете взлететь (*Пав.*).

연습문제 208 종속복문을 찾아 분석하시오.

Несколько дней лил, не переставая, холодный дождь. В саду шумел мокрый ветер. В четыре часа дня мы уже зажигали керосиновые лампы, и невольно казалось, что лето окончилось навсегда.
Был конец ноября — самое грустное время в деревне. Кот спал весь день и вздрагивал, когда тёмная дождевая вода хлестала в окна.
По вечерам мы затапливали печи. Ярко горели лапмы, и всё пел и пел свою нехитрую песню медный самовар-инвалид. Как только его вносили в комнату, в ней сразу становилось уютно — может быть, оттого, что стёкла запотевали и не было видно одинокой берёзовой ветки, которая день и ночь стучала в окно.
Однажды ночью я проснулся от странного ощущения. Мне показалось, что я оглох во сне. Я лежал с закрытыми глазами, долго прислушивался и наконец понял, что я не оглох, а попросту за стенами дома наступила необыкновенная тишина. Такую тишину называют «мёртвой». Умер дождь, умер ветер, умер шумливый, беспокойный сад. Было только слышно, как посапывает во сне кот.
Я открыл глаза. Белый и ровный свет наполнял комнату. Я встал и подошёл к окну — за стёклами всё было снежно и безмолвно. В туманном небе на головокружительной высоте стояла одинокая луна.
Когда же выпал первый снег? Я подошёл к ходикам. Было так светло, что ясно чернели стрелки. Они показывали два часа.
Я уснул в полночь. Значит, за два часа так необыкновенно изменилась земля (*По Паустовскому*).

◆◆

부록

◆◆◆

접속사 что와 чтобы의 용법

<table>
<tr><th>접속사 что</th><th>접속사 чтобы</th></tr>
<tr><td>1. 동사 знать '알다', понимать '이해하다', видеть '보다', слышать '듣다', помнить '기억하다', чувствовать '느끼다', замечать '눈치채다', сообщать '알리다', забыть '잊다' 등의 뒤에서</td><td>1. 동사 хотеть '원하다', просить '요청하다', велеть '명령하다', приказывать '명령하다', требовать '요구하다', стремиться '노력하다', заботиться '염려하다' 등의 뒤에서</td></tr>
<tr><td>Я знаю, что он приехал.
'나는 그가 도착했다는 것을 안다.'</td><td>Я хочу, чтобы он приехал.
'나는 그가 오기를 바란다.'</td></tr>
<tr><td>Он понимает, что мне нужна его помощь.
'나에게 그의 도움이 필요하다는 것을 그는 이해한다.'</td><td>Я попросил друга, чтобы он мне помог.
'나는 그가 나를 돕도록 친구에게 요청했다.'</td></tr>
<tr><td colspan="2">동사 сказать '말하다', написать '쓰다', предупредить '예고하다', напомнить '상기시키다', передать '전달하다', повторить '반복하다' 등의 뒤에 접속사 что 또는 чтобы가 있는 종속절이 올 수 있다.</td></tr>
<tr><td>Врач сказал, что больной принимал это лекарство.
'의사는 환자가 이 약을 먹었다고 말했다.'</td><td>Врач сказал, чтобы больной принимал это лекарство.
'의사는 환자가 이 약을 먹었으면 좋다고 말했다.'</td></tr>
<tr><td>Он напомнил мне, что я взял эту книгу у тебя.
'네가 가지고 있는 이 책을 내가 빌렸다고 그가 나에게 상기시켜 주었다.'</td><td>Он напомнил мне, чтобы я взял эту книгу у тебя.
'네가 가지고 있는 이 책을 내가 빌리도록 그가 나에게 상기시켜 주었다.'</td></tr>
<tr><td>접속사 что를 내포하고 있는 문장에서는 어떤 사실, 현상에 대한 보도가 표현되어 있다.</td><td>접속사 чтобы를 내포하고 있는 문장에서는 요청, 소망, 명령이 표현되어 있다.</td></tr>
</table>

<table>
<tr><td>2. 단어 ясно '분명하다', понятно '이해된다', известно '알려져있다', видно '보인다', приятно '기쁘다', странно '기이하다', страшно '무섭다', удивительно '놀랍다' 뒤에서</td><td>2. 단어 нужно '필요하다', надо '필요하다', необходимо '반드시 해야 한다', желательно '바라다', нельзя '불가능하다', невозможно '불가능하다' 뒤에서</td></tr>
<tr><td>Всем стало ясно, что он не придёт.
'그가 오지 않을 것이라는 것이 모든 이들에게 분명해졌다.'</td><td>Нужно, чтобы он приехал.
'그가 오도록 해야 한다.'</td></tr>
<tr><td>Странно, что он не приехал.
'그가 오지 않았다니 이상하다.'</td><td>Желательно, чтобы собрались все друзья.
'모든 친구들이 모이게 하는 것이 바람직하다.'</td></tr>
<tr><td colspan="2">단어 важно '중요하다', интересно '흥미롭다' 뒤에는 접속사 что 뿐만 아니라 чтобы를 가진 종속절이 사용될 수 있다.</td></tr>
<tr><td>Важно, что все это поняли.
'모두가 이것을 이해했다는 것이 중요하다.'</td><td>Важно, чтобы все это поняли.
'모두가 이것을 이해하게 하는 것이 필요하다.'</td></tr>
<tr><td colspan="2">접속사 что를 내포한 문장에서는 사실에 대한 보도가 표현되어 있고, 접속사 чтобы를 내포한 문장에서는 소망이 표현되어 있다.</td></tr>
<tr><td>3. 종속절은 지시어 такой에 관계되고 결과의 뉘앙스를 가진다. 이 때 주절에서는 어떤 사실, 현상에 대한 보도가 표현된다.</td><td>3. 종속절은 지시 대명사 такой에 관계되고 목적 의미의 뉘앙스를 가진다. 이 때 주절에서는 행위의 소망이나 필연성이 표현된다.</td></tr>
<tr><td>Дул такой ветер, что трудно было держаться на ногах.
'두 발로 서 있기가 어려울 정도로 강한 바람이 불었다.'</td><td>Дайте такой текст, чтобы студенты первого курса могли его читать.
'대학 일학년 학생들이 그 텍스트를 읽을 수 있는 그런 텍스트를 주세요.'</td></tr>
<tr><td>Дождь был такой, что нельзя было выйти из дома.
'비는 집에서 외출하기가 불가능한 그 정도였다.'</td><td>Нужен такой дождь, чтобы он глубоко промочил землю.
'땅을 흠뻑 젖게 할 정도의 그런 비가 필요하다.'</td></tr>
<tr><td>4. 종속절은 지시어 так '아주, 그렇게', настолько '그만큼', столько '그렇게'에 관계하며 결과의 뉘앙스를 가진다.</td><td>4. 종속절은 지시어 так '아주, 그렇게', настолько '그만큼', столько '그렇게'에 관계하며 목적의 뉘앙스를 가진다.</td></tr>
</table>

Он говорил **так, что** все его понимали. '그는 잘 말해서 모두가 그의 말을 이해했다.'	Говори **так, чтобы** все тебя понимали. '모두가 너의 말을 이해할 수 있도록 그렇게 말해라.'
Мы **так (настолько)** устали, что не могли продолжать работу. '우리는 너무 피곤해서 일을 계속할 수 없었다.'	Мы должны **так** работать, **чтобы** закончить работу в срок. '우리는 기한 안에 일을 마치도록 그렇게 일해야 한다.'
Он принёс **столько** бумаги, **что** хватило всем. '그는 모두에게 충분할 만큼의 많은 종이를 가져왔다.'	Принеси **столько** бумаги, **чтобы** хватило всем. '모두가 충분하도록 그렇게 많은 종이를 가져와라.'

5. 단어 достаточно '충분하게', недостаточно '불충분하게', слишком '너무'의 뒤에 결과의 뉘앙스를 가진 종속절은 **чтобы**로 연결된다. 다음을 비교하시오.

Он настолько опытен, что может руководить этой работой '그는 매우 경험이 많아서, 이 일을 잘 지도할 수 있다.'	Он **достаточно** опытен, **чтобы** руководить этой работой. '그는 이 일을 지도할 만큼 충분히 경험이 있다.'
Все так устали, что не могут продолжать работу. '모두들 너무 지쳐서 일을 계속할 수 없었다.'	Все **слишком** устали, **чтобы** продолжать работу. '모두들 일을 계속하기에 너무 지쳤다.'

6. 지시어 так '아주, 그렇게', настолько '그만큼', такой '그와 같은' 앞에 부정어가 있을 때는 **чтобы**가 사용된다. 다음을 비교하시오.

Он настолько опытен, **что** может руководить этой работой. '그는 매우 경험이 많아서 이 일을 잘 지도할 수 있다.'	Он **не** настолько опытен, **чтобы** руководить этой работой. '그는 이 일을 지도하기에 충분히 경험이 많지 않다.'
Льёт такой дождь, что нельзя выйти из дома. '상당한 비가 내리고 있어서 집을 나설 수가 없다.'	Дождь не такой, чтобы нельзя было выйти из дома. '비는 집을 나설 수가 없을 정도는 아니었다.'

◆◆◆

의미가 유사한 문장에서 접속사 что와 чтобы

의심, 불신을 나타내는 단어 뒤에는 접속사 **что**뿐만 아니라 **чтобы**도 사용이 가능하다. 접속사 **что**를 가진 문장은 접속사 **чтобы**를 가진 문장과 의미가 유사하다.

Я **сомневаюсь, что** они выполнили (выполнят) эту работу.
'나는 그들이 이 일을 수행하였다는 것을 (수행할 것이라는 것을) 의심한다.'

Я **сомневаюсь, чтобы** они выполнили эту работу.
'나는 그들이 이 일을 수행할 것을 의심한다.'

Я **не думаю, что** эту работу (будет, было) трудно выполнить.
'나는 이 일을 수행하는 것(할 것, 하였던 것)이 어렵다고 생각하지 않는다.'

Я **не думаю, чтобы** эту работу трудно было выполнить.
'나는 이 일을 수행하는 것이 어렵다고 생각하지 않는다.'

Не **может быть, что** эта работа уже выполнена.
'이 일이 벌써 수행되었을 리가 없다.'

Не может быть, чтобы эта работа уже была выполнена.
'이 일이 벌써 수행되었을 리가 없다.'

◆◆

두 개 이상의 종속절을 가진 종속복문

1. 종속복문에는 두 개 이상의 종속절이 올 수 있다.

Когда война оторвала его от Урала и заставила пересесть из экскаватора в танк, он понял, как много в его жизни значил труд, приносивший ему столько радости (*Б. Пол.*).
'전쟁이 그를 우랄지역에서부터 분리시키고 굴착기에서 전차로 자리를 옮기게 하였을 때, 그는 그에게 많은 기쁨을 가져다 주었던 노동이 그의 삶에서 많은 의미를 주었다는 것을 깨닫게 되었다.'

■ [역자 주] 주절(он понял)에 한 개의 부사절과 한 개의 보어적 종속절이 연결되어 있는 구조이다. 'когда'로 시작되는 시간의 부사절에는 하나의 주어 война에 두 개의 술어 оторвала와 заставила가 연결되어 있고, 'как'으로 시작되는 보어적 종속절에는 형동사 구(приносивший ...)가 주어 труд를 한정하고 있는 구조를 하고 있다.

2. 동일한 단어에 관계되고 동일한 질문에 대답하는 종속절을 동위 종속절이라고 한다.

Видел Егорушка, как мало-помалу темнело небо, как засветились одна за другой звёзды (*Чех.*).

'예고루쉬까는 하늘이 조금씩 어두워지고, 별들이 하나씩 잇따라 빛나기 시작하는 것을 보았다.'

[역자 주] 주절(Видел Егорушка)이 'как'으로 시작되는 두 개의 보어적 종속절(как мало-помалу темнело небо와 как засветились одна за другой звёзды)과 관련되어 있는 구문이다.

3. 어떤 종속절은 연속적인 구문을 형성할 수 있다. 첫 번째 종속절은 주절에 관계되고, 두 번째 종속절은 첫 번째 종속절에 관계된다. 이 같은 문장의 종속을 순차적인 종속이라고 한다.

Я пожалел, что напрасно погубил цветок, который был так хорош на своём месте (*Л.Т.*).

'나는 자신의 자리에 매우 잘 자라있었던 꽃을 공연히 망가뜨려버린 것을 아쉽게 생각하였다.'

[역자 주] который 이하의 종속절은 цветок을 한정하는 한정적 종속절의 역할을 하고 있고, что 이하의 종속절은 다시 보어적 종속절로 주절(Я пожалел)의 보어의 역할을 하고 있다.

연습문제 209 문장을 분해하고 각 문장의 도식을 만드시오.

1. Герой моей повести, которого я люблю всеми силами души, которого старался воспроизвести во всей красоте и силе его и который всегда был, есть и будет прекрасен, — правда (*Л.Т.*).
2. Герой — это человек, который в решительный момент делает то, что нужно делать в интересах человеческого общества (*Фучик*).
3. С тех пор как он поверил, что путём тренировки может научиться летать без ног и снова стать полноценным лётчиком, им овладела жажда жизни и деятельности (*Б. Пол.*).
4. Он чувствовал, что жизнь ещё больше приблизилась к тем временам, ради которых работали тысячи его соотечественников, ради которых жил и работал он сам (*Пауст.*).
5. И долго буду тем любезен я народу, Что чувства добрые я лирой пробуждал, Что в мой жестокий век восславил я свободу И милость к падшим призывал (*П.*).

연습문제 210 문장을 분해하고 주어진 문장에 쉼표를 치시오.

1. Тотчас на небе замигали звёзды словно и они обрадовались тому что наконец-то солнце дало им свободу (*Арс*.).
2. То что увидел он было так неожиданно что он испугался (*Чех*.).
3. Говорили они о вещах, которые не имели никакого отношения к тому что происходило вокруг (*Фад*.).
4. Чтобы докончить портрет я скажу что у него был немного вздёрнутый нос зубы ослепительной белизны и карие глаза (*Л*.).
5. Я так увлёкся созерцанием природы что не заметил как прошло время (*Арс*.).
6. В воздухе куда ни взглянешь кружатся целые облака снежинок так что не разберёшь идёт ли снег с неба или с земли (*Чех*.).

연습문제 211 문장을 읽고 문장의 유형을 정하시오.

бескорыстие

Можно ещё очень много написать о Мещерском крае. Можно написать, что этот край очень богат лесами и торфом, сеном и картофелем, молоком и ягодами. Но я нарочно не пишу об этом. Неужели мы должны любить свою землю только за то, что она богата, что она даёт обильные урожаи и природные её силы можно использовать для нашего благосостояния?!

Не только за это мы любим родные места. Мы любим их ещё за то, что даже небогатые, они для нас прекрасны. Я люблю Мещерский край за то, что он прекрасен, хотя вся прелесть его раскрывается не сразу, а очень медленно, постепенно ...

... И если придётся защищать свою страну, то где-то в глубине сердца я буду знать, что я защищаю и этот клочок земли, научивший меня видеть и понимать прекрасное, как бы невзрачно на вид оно ни было, — этот лесной задумчивый край, любовь к которому не забудется, как никогда не забывается первая любовь (*Пауст*.).

◆◆

종속절을 가진 병립복문

종속복문은 자신의 구성성분에서 종속절을 가지고 있는 그런 문장으로 이루어질 수 있다.

Давыдов не был мастером говорить речи, но слушали его вначале так, как не слушают и самого искусного сказочника (*Шол.*).
'다브이도프는 연설의 대가는 아니었지만, 처음에는 그의 말을 대단히 노련한 이야기꾼의 말도 들어본 적이 없는 것과 같이 그렇게 들었다.'

이 복문에서는 첫 번째 문장(Давыдов не был мастером говорить речи)은 단문이고, 두 번째 문장(слушали его вначале так, как не слушают и самого искусного сказочника)은 복문이다. 이 두 문장은 반의 접속사 но에 의하여 하나의 병립복문으로 결합되어 있다.

연습문제 212 문장을 분해하고 각 문장의 도식을 만드시오.

1. Долго втроём сидели мы в саду под спелой вишней, и Маруся нам рассказывала, где была, что делала и что видела (*Гайд.*).
2. У неё было такое чувство, как будто она жила в этих краях уже давно-давно, лет сто, и казалось ей, что на всём пути от города до своей школы она знала каждый камень, каждое дерево (*Чех.*).
3. Взбираясь на вершины, мы каждый раз надеялись по ту сторону их увидеть что-нибудь такое, что предвещало бы близость воды, но каждый раз надежда эта сменялась разочарованием (*Арс.*).
4. Это была суровая любовь без признаний, и Павел ясно сознавал, что нет такой жертвы, которую он не принёс бы без колебания, если бы она нужна была брату (*Н.О.*).

◆◆

접속사를 사용하지 않은 복문

접속사 없이도 단문이 복문과 결합될 수 있다. 이 때 문장 사이의 관계는 구어체에서 억양으로 표시된다, 그러나 문서에서는 구두점으로 표시된다: 콤마(,), 세미콜론(;), 콜론(:), 대쉬(—).

Наш огонёк разгорался, дым поднимался прямо кверху (*Кор.*).
'우리의 불은 타오르고 있었고, 연기는 곧장 위쪽으로 올라가고 있었다.'

Весенний, светлый день клонился к вечеру; небольшие розовые тучки стояли высоко в ясном небе (*Тург.*).
'저녁시간이 되어 화창한 봄날이 저물어가고 있었다; 크지 않은 장밋빛 비구름이 밝은 하늘 위에 높이 떠 있었다.'

Луны не было на небе: она в ту пору поздно всходила (*Т.*).
'달은 그 시간에 늦게 떠올랐기 때문에 하늘에 달이 떠 있지 않았다.'

За двумя зайцами погонишься — ни одного не поймаешь (*Посл.*). '두 마리 토끼를 잡으려다 한 마리도 못 잡는다.'

◆◆◆

무 접속사 복문에서 구두점

☑ 무 접속사 복문에서 콤마와 세미콜론

무 접속사 복문에서 콤마와 세미콜론은 문장 사이에서 의미에 따라 결합접속사 **и**를 대신할 수 있는 경우에 사용된다.

Метель не утихала, небо не прояснялось (*П.*).
'눈보라는 멈추지 않았고, 하늘은 개이지 않았다.'

Всё было тихо кругом; со стороны дома не приносилось никакого звука (*Тург.*).
'주위에 모든 것이 조용했고, 집 쪽에서부터 어떤 소리도 들려오지 않았다.'

세미콜론은 일반적으로 문장과 문장 사이의 의미가 덜 비슷하거나 문장 내부에 콤마가 있을 때 사용된다.

Погода была чудесная. Всё кругом цвело, жужжало и пело; вдали сияли воды прудов; праздничное, светлое чувство охватывало душу (*Тург.*).
'날씨가 참 좋았다. 주위는 온통 꽃으로 피어 있고, 벌레가 윙윙거리고 있고, 새가 지저귀고 있었다. 멀리서 못에 고인 물이 반짝이고 있었다. 축제 기분의 밝은 감정이 마음을 사로잡고 있었다.'

연습문제 213 문장을 읽고 구두점의 사용을 설명하시오.

1. Город спал, только в некоторых окнах мелькали огни (*Л.*).
2. Лошади тронулись, колокольчих загремел, кибитка полетела (*П.*).
3. Светлеет воздух, видней дорога, яснеет небо, белеют тучки, зеленеют поля (*Тург.*).
4. Под окном и в саду зашумели птицы, туман ушёл из сада, всё кругом озарилось весенним светом, точно улыбкой (*Чех.*).
5. Дождь только что перестал; облака быстро бежали, голубых просветов становилось всё больше и больше на небе (*Чех.*).
6. Луна сияла, июльская ночь была тиха, изредка подымался ветерок, и лёгкий шорох пробегал по всему саду (*П.*).
7. Выхожу один я на дорогу; Сквозь туман кремнистый путь блестит; Ночь тиха (*Л.*).

연습문제 214 문장을 읽고 빠져있는 구두점을 치시오.

1. Сильный ветер внезапно загудел в вышине деревья забушевали крупные капли дождя резко застучали зашлёпали по листьям сверкнула молния и гроза разразилась (*Тург.*).
2. Прошло ещё несколько минут. В маленькие окна то и дело заглядывали синеватые огни молнии высокие деревья вспыхивали за окном призрачными очертаниями и опять исчезали во тьме среди сердитого ворчания бури (*Кор.*).
3. Небо помутнело леса подёрнулись дымкой снежинки закружились особенно быстро и тревожно с полей потянуло стужей (*Буб.*).
4. Начинало светать река туманилась наш костёр потух (*Кор.*).

◆◆◆

무 접속사 복문에서 콜론과 데쉬

콜론은 다음의 경우에 사용된다.

1. 두 번째 문장이 첫 번째 문장에서 언급되는 것의 원인을 표현하는 경우

Печален я: со мною друга нет (*П.*).
'친구가 없기 때문에 나는 슬프다.'

2. 두 번째 문장이 첫 번째 문장을 보충하고 동사 **видеть** '보다', **смотреть** '보다', **слышать** '듣다', **знать** '알다', **чувствовать** '느끼다' 등으로 표현된 첫 번째 문장의 술어에 관계되는 경우

Вдруг я чувствую: кто-то берёт меня за плечо и толкает (*Тург.*).
'갑자기 나는 누군가 나의 어깨를 잡고 밀고 있는 것을 느낀다.'

3. 두 번째 문장이 첫 번째 문장에서 언급되어 있는 것의 내용을 내는 경우

Погода была ужасная: ветер выл, мокрый снег падал хлопьями (*П.*). '지독히 나쁜 날씨였다. 바람이 울부짖고 있었고, 물에 젖은 눈이 눈송이처럼 떨어지고 있었다.'

상기의 세 경우에서 콜론은 콜론 대신에 대쉬(—)를 사용할 수도 있다.

Учитель был доволен — всё шло хорошо.
'만사가 잘 진행되었기에 선생님은 만족하셨다.'

Иногда мне думается — надо убежать (*М.Г.*).
'가끔은 도망칠 필요가 있다고 생각한다.'

무 접속사 복문에서 데쉬는 일반적으로 다음의 경우에 사용된다.

1. 첫 번째 문장이 두 번째 문장에서 언급되어 있는 것의 시간이나 조건을 가리킬 경우

Биться в одиночку — жизни не перевернуть (*Н.О.*).
'혼사 힘으로 노력한다면 삶을 뒤집기는 불가능하다.'

Придёт весна — двинутся пароходы по Волге.
'봄이 오면 볼가강에 배가 다니게 될 것이다.'

2. 두 번째 문장이 첫 번째 문장에서 언급되어 있는 것의 결과 또는 귀결을 가리키는 경우

Дороги исчезли — нельзя было проехать ни поездом, ни машиной, ни на лошадях.
'길이 사라졌다. 기차로도, 자동차로도, 말을 타고서도 통행하기가 불가능하게 되었다.'

연습문제 215 관련되는 억양으로 문장을 읽으시오. 콜론과 하이픈의 사용을 설명하시오.

A.

1. Я поехал шагом и скоро принуждён был остановиться: лошадь моя вязла, я не видел ни зги (*Тург.*).
2. Сквозь постоянный шум дождя чудились мне вдалеке слабые звуки: топор осторожно стучал по сучьям, колёса скрипели, лошадь фыркала (*Тург.*).
3. Мелкий дождь сеет с утра — выйти невозможно (*Тург.*).
4. Песенка кончилась — раздались обычные рукоплескания (*Тург.*).
5. Хочу от вас только одного — поторопитесь с выездом (*Аж.*).
6. Варвара прислушалась: донёсся шум вечернего поезда (*Фад.*).
7. Им некуда было прятаться: все их знали (*Фад.*).
8. Теперь им предстояло самое трудное: они должны были покинуть товарища, зная, что ему угрожает (*Фад.*).
9. Любите книгу: она поможет вам разобраться в пёстрой путанице мыслей, она научит вас уважать человека (*М.Г.*).
10. От этих книг в душе сложилась стойкая уверенность: я не один на земле, не пропаду (*М.Г.*).
11. Оглядываюсь — никого нет кругом; прислушиваюсь — звуки как будто падают с неба (*Л.*).
12. Мне стало страшно: на краю Грозящей бездны я лежал (*Л*).

B.

1. Поспешишь — людей насмешишь.
2. Не плюй в колодец: пригодится воды напиться.
3. Волков бояться — в лес не ходить.
4. Любишь кататься — люби и саночки возить (*Посл.*).

연습문제 216 접속사 복문을 무접속사 복문으로 바꾸시오.

1. Вещи уложены, и билеты куплены.
2. Я должен признать, что вы были правы.
3. Раз начал говорить, говори до конца.
4. Надо идти домой, потому что уже поздно.
5. Преподаватель поднялся на кафедру, и лекция началась.
6. Мы уверены, что ты справишься с этой работой.
7. Когда настанет утро, двинемся в путь.
8. Дверь открылась, и из аудитории вышли студенты.
9. Если хочешь отдохнуть, пойдём в парк.
10. Как только кончатся экзамены, поеду домой.

11. Всем ясно, что нужно продолжать работу.
12. Пора спать, потому что уже два часа.
13. Не зовите его. Если он захочет, придёт сам.
14. Через реку здесь нельзя переправиться, потому что течение очень быстрое.
15. Горит костёр, и дым поднимается вверх.

◆◆

직접화법과 간접화법

화자의 말은 두 가지 방법으로 전달될 수 있다:

1. 리포터는 화사의 말을 문자 그대로 아무런 변화도 없이 화자 자신의 이름으로 전달할 수 있다.

«**Я послезавтра на Волгу поеду**», — сказал Саша (*Чех.*).
'"나는 모레 볼가강으로 갈 거야" 라고 사샤가 말했다.'

Павел, уходя из дома, сказал матери: «**В субботу у меня будут гости из города**»(*М.Г.*)
'빠벨은 십에서 떠나면서 "토요일에 도시에서 손님이 저에게 올거예요." 라고 어머니에게 말했다.'

이런 화법을 직접 화법이라고 한다. 리포터는 화자의 말을 자기 방식으로 바꾸어서 전달할 수 있다.

Саша сказал, **что он послезавтра поедет на Волгу**.
'사냐는 그가 모레 볼가강으로 갈거라고 말했다.'

Павел сказал матери, **что в субботу у него будут гости из города**.
'빠벨은 토요일에 도시에서 손님이 올거라고 말했다.'

그런 화법을 간접화법이라고 한다. 간접화법은 보어적 종속절로 전달된다.

◆◆◆

직접화법에서 구두점

1. 직접화법이 리포터의 말 다음에 오면, 직접화법 앞에 콜론(:)을 한다.

Наконец она сказала ему: «**Скоро светать будет, лёг бы ты, уснул**»(*М.Г.*)
'드디어 그녀는 "곧 날이 밝아와요. 당신은 들어 누워서 잠자고 있으면 어떡해요" 라고 그에게 말했다.'

2. 직접화법이 리포터의 말 앞에 오면, 직접화법 다음에 콤마(,)와 데쉬(—)를 한다.

«**Хорошо у вас здесь**», — сказала Ольга (*Чех.*).
'"여기 당신 집은 좋군요" 라고 올가는 말했다.'

만약 직접화법 안에 의문문이나 감탄문이 있으면, 직접화법 다음에 데쉬(—)를 한다.

«**Ну, как ты тут поживаешь?**» — спросил я (*Чех.*).
'"그런데 자네는 여기서 어떻게 지내나?" 라고 나는 물었다.'

«**Володя приехал!**» — крикнул кто-то на дворе (*Чех.*).
'"발로자가 왔어요!" 라고 누군가가 마당에서 소리쳤다.'

3. 리포터의 말이 직접화법의 가운데에 있으면 구두점은 다음과 같이 된다.

a) 리포터의 말이 없으면 어떤 다른 기호도 없는 그런 위치에 리포터의 말이 있게 되면, 이 말은 양쪽에 콤마와 데쉬로 구분된다.

«**Я хочу узнать от вас**, — сказала она, — **латинские названия полезных растений и их свойства**»
'"나는 당신에게서 알고 싶어요. 유용한 식물의 라틴 이름과 이들의 특성을요" 라고 그녀는 말했다.'

b) 리포터의 말이 없으면 콤마, 세미콜론, 콜론이 있을 수 있는 위치에 리포터의 말이 있으면, 이 말도 양쪽에 콤마와 데쉬로 구분된다.

«**Хочу я спросил тебя**, — тихонько сказала она, — **что ты**

всё читаешь?» (*М.Г.*)
'"나는 너에게 물어보고 싶어. 너는 늘 무엇을 읽고 있어?" 라고 그녀는 조용하게 말했다.'

«**Нам придётся здесь ночевать**, — сказал он с досадой, — **в такую метель через горы не переедешь**» (*Л.*)
'"여기서 밤을 지세야겠군" 하고 그는 유감스럽게 말했다. 그런 눈보라에서 산을 넘어가는 것은 무리야.'

c) 리포터의 말이 없으면 마침표가 올 수 있는 위치에 리포터의 말이 있게 되면, 이 말 앞에는 콤마와 데쉬가 오고, 이 말 뒤에는 마침표와 데쉬가 온다.

«**И вдруг через десять лет мы встретимся**, — говорил он. — **Какие мы тогда будем?**» (*Чех.*)
'"10년 후에 갑자기 우리가 만나게 되면, 그 때 우리는 어떻게 되어 있을까요?" 라고 그가 말했다.'

d) 리포터의 말이 없으면 의문 부호나 감탄 부호가 있을 수 있는 위치에 리포터의 말이 있으면, 이 말 앞에는 의문부호나 감탄부호가 있고 이 말 다음에는 마침표와 데쉬가 온다.

«**А помните, как я провожал вас на вечер в клуб?** — сказал он. — **Тогда шёл дождь, было темно** ...» (*Чех.*)
'"내가 클럽의 저녁파티에 당신을 데리고 갔던 것을 기억하세요? 그때 비가 왔고, 어두웠죠…" 라고 그는 말했다.'

직접화법은 꺽쇠 안에 있다. 문학작품에서 둘 또는 그 이상의 사람의 대화를 전달할 때 꺽쇠는 일반적으로 사용되지 않는다. 직접화법은 항상 줄바꾸기를 해서 다시 쓰고 문장 앞에는 데쉬를 한다.

Ася посмотрела мне прямо и пристально в глаза:
'사샤는 나를 똑바로 그리고 찬찬하게 바라보았다'

— **Вы сегодня дурного мнения обо мне**, — сказала она, нахмурив брови (*Тург.*).
'"당신은 오늘 나에 대해 좋지 않은 생각을 하고 있군요." 라고 그녀는 눈썹을 찌푸리며 말했다.'

연습문제 217 고리끼의 장면소설 «어머니»의 발췌를 읽고 직접화법을 가리키시오.

— Хочу я спросить тебя, — тихонько сказала она, — что ты всё читаешь?

Он сложил книжку.

— Ты сядь, мамаша...

Мать грузно опустилась рядом с ним и выпрямилась, насторожилась, ожидая чего-то важного.

Не глядя на неё, негромко и почему-то очень сурово, Павел заговарил:

— Я читаю запрещённые книги. Их запрещают читать потому, что они говорят правду о нашей рабочей жизни... Они печатаются тихонько, тайно, и если их у меня найдут — меня посадят в тюрьму, — в тюрьму за то, что я хочу знать правду. Поняла?

Ей стало страшно за сына и жалко его.

— Зачем же ты это, Паша? — проговорила она.

Он поднял голову, взглянул на неё и негромко, спокойно ответил:

— Хочу знать правду.

연습문제 218 다음 문장을 읽고 구두점의 배열을 설명하시오.

1. Иногда она спрашивала меня:
— Что вы читаете?
Я отвечал кратко, и мне хотелось спросить её:
— А вам зачем знать это? (*М.Г.*).
2. Стоя на крыльце, он увидел Надю и пошёл к ней.
— Хорошо у вас здесь, — сказал он (*Чех.*).
3. — Я прошу, товарищ Медведев, — твёрдо сказал Долгушин, — не только смотреть, как у меня пойдут дела, но и помогать мне (*Овеч.*).
4. — До свидания, Наташа, — сказал я. — Уезжаю (*Ант.*).
5. — Максим Максимыч, не хотите ли чаю? — закричал я ему в окно (*Л.*).
6. Я подошёл к нему. «Если вы захотите немного подождать, — сказал я, — то будете иметь удовольствие увидеться со старым приятелем» (*Л.*).

◆◆◆

직접화법을 간접화법으로 전환

직접화법을 간접화법으로 전환할 수 있다.

1. 직접화법이 서술문이면, 직접화법은 접속사 **что**를 가진 보어적 종속절로 교체될 수 있다.

«Отец на собрание пошёл», — ответил Пашка (*Гайд.*).
'"아버지는 모임에 갔어요" 라고 빠쉬까가 대답했다.'

→ Пашка ответил, что отец пошёл на собрание.
'빠쉬까는 아버지가 모임에 갔다고 대답했다.'

2. 직접화법이 명령문이고 술어가 명령법 형태로 되어 있으면, 직접화법은 접속사 **чтобы** 를 가진 보어적 종속절로 교체될 수 있다.

«Расскажи сказку», — прошу я старика (*М.Г.*).
'"옛날 이야기를 해 주세요" 라고 나는 노인에게 부탁한다.'

→ Я прошу старика, чтобы он рассказал сказку.
'나는 노인이 옛날 이야기를 해 주도록 노인에게 부탁한다.'

3. 직접화법이 의문사를 가진 의문문이라면, 그 직접화법은 의문사가 접속어로 되는 보어적 종속절로 교체될 수 있다.

«Куда приехали?» — спросил я, протирая глаза. (*П.*)
'"어디 갔어요?" 라고 나는 눈을 비비면서 말했다.'

→ Я спросил, протирая глаза, куда приехали.
'가는 눈을 비비면서 어디 갔었냐고 물었다.'

«В чём суть твоего плана, Таня?» — спросил Залкинд (*Аж.*).
"따냐, 너의 계획의 본질은 어디에 있어?"라고 잘낀드는 물었다.'

→ Залкинд спросил Таню, в чём суть её плана.
'잘낀드는 따냐에게 그녀의 계획의 본질은 어디에 있냐고 물었다.'

4. 직접화법이 의문사가 없는 의문문일 때 그 직접화법은 접속사의 역할을 하는 소사 ли 를 가진 보어적 종속절로 교체될 수 있다.

«Был какой-нибудь ответ на предложение?» — спросил Батманов (*Аж.*).
'"제안에 대하여 어떤 대답이 있었느냐?" 라고 바뜨마노프가 물었다.'

→ Батманов спросил, был ли какой-нибудь ответ на предложение.
'바뜨마노프는 제안에 대하여 어떤 대답이 있었는지 물었다.'

직접화법을 간접화법으로 교체할 때 인칭대명사, 소유 대명사, 동사의 인칭형의 사용에 유의하세요. 영어와 달리 시제는 일치시키지 않는다.

«**Я** никуда не поеду», — отвечала Наташа (*Л.Т.*).
'"나는 어디에도 가지 않을거예요" 라고 나따샤가 대답하곤 했다.'

→ Наташа отвечала, что **она** никуда не поедет.
'나따샤는 그녀가 어디에도 가지 않을거라고 대답하고 했다.'

«Это **моя** книжка», — сказал он, указывая на журнал (*Гайд.*).
'"이것은 내 책이야" 라고 그는 잡지를 가리키면서 말했다.'

→ Указывая на журнал, он сказал, что это **его** книжка.
'잡지를 가리키면서 그는 이것은 그의 책이라고 말했다.'

모든 직접화법이 간접화법으로 전환될 수 있는 것은 아니다. 직접화법 속에 간투사, 호칭어가 있으면 전환은 불가능하다.

«Боже мой, Надя приехала! — сказал он и весело рассмеялся. — Родная моя, голубушка!» (*Чех.*).
'"저런, 나자가 왔어요!" 라고 말하고 그는 즐겁게 웃었다. "나의 사랑스러운 귀여운 비둘기!"'

연습문제 219 직접화법을 간접화법으로 바꾸시오.

1. «Самовар готов!» — крикнула мать (*М.Г.*).
2. «Сестра моя сегодня приедет!» — сообщил он (*М.Г.*).
3. «Где ты была, Маша?» — спросил Кирила Петрович (*П.*).
4. «Все ли здесь? — спросил Дубровский. — Не осталось ли кого в доме?» (*П.*).
5. «Я хочу попробовать опять петь», — сказала она (*Л.Т.*).
6. «Расскажи мне, Алька, смелую военную сказку», — попросила Натка (*Гайд.*).
7. Если, идя с ней в театр, я забывал взять бинокль, то потом она говорила: «Я так и знала, что вы забудете» (*Чех.*).
8. «А мне все эти дни так невесело», — сказала Надя, помолчав (*Чех.*).
9. Увидав вышедшего ей навстречу швейцара, она только вспомнила, что посылала записку и телеграмму. «Ответ есть?» — спросила она. — «Сейчас посмотрю», — отвечал швейцар (*Л.Т.*).
10. Я пошёл к хозяйке Валентине, чтобы спросить, нет ли нам к дому доро-

ги поближе. «Сейчас муж на станцию поедет, — сказала Валентина. — О н вас довезёт до самой мельницы, а там уже и недалеко» (*Гайд.*).

연습문제 220 직접화법을 간접화법으로 바꾸시오.

A.

1. Анна Алексеевна выходила ко мне с озабоченным лицом и вякий раз спрашивала: «Почему вас так долго не было?» (*Чех.*).
2. Он с волнением спрашивал у неё всякий раз, о чём она читала в последние дни. «Что вы читали на этой неделе, пока мы не виделись?» — спросил он теперь (*Чех.*).
3. «Где же твой новый приятель?» — спросил он Аркадия (*Тург.*).
4. «О чём же вы с ней говорили?» — спросил меня Гагин (*Тург.*).
5. «Что же ты не едешь?» — спросил я ямщика с нетерпением (*П.*).

B.

1. Она тихо спросила: «Не опоздала я?».
2. «Вам удобно будет здесь?» — спросил Николай, вводя мать в небольшую комнату (*М.Г.*).
3. «Вы печатаете свои произведения в журналах?» — спросил у Веры Иосифовны Старцев (*Чех.*).
4. «Хочешь сегодня ночью работать со мной?» — спросил Челкаш Гаврилу (*М.Г.*).
5. «Можно видеть главного инженера Беридзе?» — спросила девушка (*Ажс.*).
6. «Вас послали сюда или вы сами решили пройтись?» — спросил Батманов у Тани (*Ажс.*).
7. «Вы надолго сюда приехали?» — спросила она Владимира Сергеевича (*Тург.*).
8. «Имеете вы известие от вашего сына?» — спросил я её наконец (*Тург.*).
9. «Так я говорю, Алька?» — спросила Натка (*Гайд.*).

찾아보기

이용권

한국외국어대학교 노어과 학사
고려대학교 노어노문학과 석사, 박사
현 부산대학교 노어노문학과 교수

박사학위 논문

『현대 노어의 신어 어휘구조 연구』

'러시아어 모국어 학습자의 한국어 발음교육',
'언어원리 불변성 문제 연구',
'범주화의 고전이론과 원형이론 비교연구',
'러시아어 다의어 의미확장 연구' 등 다수

정통 러시아어 문법 **통사론**

1판 1쇄 발행 _ 2013년 8월 20일
1판 2쇄 발행 _ 2016년 8월 30일

저　　자 • 이 용 권
발 행 인 • 정 현 걸
발　　행 • 신 아 사
인　　쇄 • 예지인쇄
출판등록 • 1956년 1월 5일 (제9-52호)
주　　소 • 서울특별시 은평구 통일로 59길 4 (2F)
전　　화 • (02)382-6411 • 팩스 (02)382-6401
홈페이지 • www.shinasa.co.kr
E-MAIL • shinasa@daum.net

ISBN 978-89-8396-823-4 (93790)

정가 14,000원